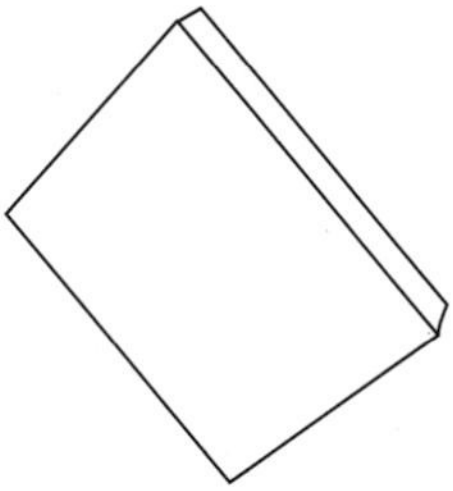

这样读书就够了

个人学习力升级指南

赵周／著

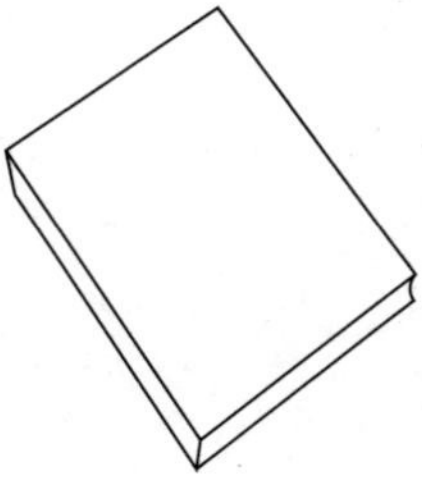

中信出版集团 | 北京

图书在版编目（CIP）数据

这样读书就够了 / 赵周著 . -- 北京：中信出版社，
2017.12（2026.1 重印）
ISBN 978-7-5086-8247-1

I. ①这… II. ①赵… III. ①读书方法 IV.
① G792

中国版本图书馆 CIP 数据核字（2017）第 253065 号

这样读书就够了

著　　者：赵　周
出版发行：中信出版集团股份有限公司
（北京市朝阳区东三环北路 27 号嘉铭中心　邮编　100020）
承 印 者：北京通州皇家印刷厂

开　　本：880mm×1230mm　1/32　　印　　张：10.5　　字　　数：198 千字
版　　次：2017 年 12 月第 1 版　　印　　次：2026 年1月第22次印刷
书　　号：ISBN 978-7-5086-8247-1
定　　价：48.00 元

目录

第五章 打造学习力的三个维度

第六章 构建属于你自己的知识体系

第七章 知识体系如何搭建？

第八章 主动学习的境界

第九章 拆书家——做一个学习的促进者

前言

在《这样读书就够了》（2012 版）中，我提到过一个现象：成年人的很多麻烦都是因为学习能力不足。这里所说的学习能力，不是快速读书、记忆知识、应对考试的能力，而是改变行为、解决问题、升级能力的能力。面对生活中各色各样的难题，工作中连绵不绝的压力，如果我们能像一些很厉害的人那样，善于学习，能把知识拆为己用，我们的境况会大大改善。

过去 5 年，无数读者和拆书法的实践者用事实证明了这一点。

5 年间，《这样读书就够了》长期占据亚马逊职场学习类畅销榜第一名，并出版了韩文版。来自纽约、加拿大和非洲的学习爱好者纷纷表示，拆书法改变了他们读书和学习的思路。

5 年间，拆书帮成了全国最大的学习爱好者自组织。拆书法深度影响了几十万人，通过提升学习力，他们能够更高效地工作和生活。

5 年间，许多企业大学和培训管理者、员工学习与发展负责人开始使用拆书法。从 2013 年的《中外管理 · 人力资本论坛》拆书法专场、2014 年的中国培训年会拆书法专场，到中欧商学院读书会、人大校友会读书会、复旦大学 MBA、清华经管学院，都邀请我去做拆书讲座。还有顺丰大学、银联支付学院、广东移动、招银大学等几十家企业大学，都大力推荐拆书学习法。

变中求不变

与此同时，我们周遭的环境发生了很大的变化：房价翻番、创业成风、离职率飙升、离婚率飙升、熬夜猝死的人越来越多……很多人正处于人生“失控”的边缘。

想要升职加薪，很努力却没成效；为了提高竞争力，拼命买书、报班、学习新技能，但总被淘宝、朋友圈、微博分散注意力，常常半途而废；不喜欢现在从事的工作，但也不想跳槽，一是因为没有勇气，二是因为没有信心、底气不足。

诚然，在这个全民知识焦虑的时代，每个人都明白学习的重要性。所以我们才去考证、考级、学英语、学演讲、学各种技能……

可是，你真的会学习吗？我们似乎从来没有认真地去学习过“学习”本身。其实，只要掌握了学习能力，其他任何能力都可以通过后天练习而提高。

一位入职不久的销售，用拆书法自学客户心理学、谈判技巧和影响他人的技巧，3年后升职为集团最年轻的高管。

一位结婚5年的妻子，拉着丈夫一起拆读《婚姻的意义》和《幸福的婚姻》，重新认识了两人之间问题的本质，并共同讨论具体该如何行动，直接挽救了他们的婚姻。

一位重点小学校长，先是用拆书法升级老师们的读书会，再让学生们用便签法的思路写作文，从此学生们写作时不再无话可说，也不再出现泛泛而谈、决心泛滥的作文。

一位成功转行的新妈妈深有感触，说学习方法比傻努力重要多了，真正聪明的人应该做“会学习的人”，而不是做“最勤奋的笨蛋”。

提升学习能力可以让我们达到事半功倍的效果，也能开启人生更多的可能性。

本书新增内容

第二版一半以上的内容是新增的。针对便签法，本书结合了过去5年几十万人的实践和反馈，添加了更具体的指导、示范和答疑。此外，本书把“从读书中学习”的理念，进一步推广到“从信息（手机阅读）中学习”和“从经验（实际疑难问题）中学习”。通过阅读本书，读者可以构建自己的知识体系，学习在新领域中快速成为专家的能力——无论是面对一份新工作还是人生的新阶段。

内容经过如此大的升级后，原书名《这样读书就够了》其实已经不够贴切，应该定义为一本讲成年人 / 职场人学习的书。不同于中国传统的学院式教学理念，本书将对学习力进行拆解，教给大家具体的方法和工具，从而提升你的专注力、理解力、反思力和应用力。

学习力是一切能力的基础。

拥有学习力，你就拥有了对生活的掌控力。

本书将教会你以不变应万变的能力，让你在面对外部的不确定因素时，把握住自己的确定性。而你的生活，自然也就可以掌控在自己手中了。

希望这本书能为你带来最大的阅读价值，希望拆书法能激发你更深入的反思和体验。

赵周

2017年10月

引言

读书无用论与学习能力

读书有没有用，是老问题。

很多人批驳“读书无用论”，但都没有批到本质。读书无用论的本质是，学习者不具备使学习有用的能力。最明显的是，仍然有太多人没有对“读书”进行分类。

熟读唐诗三百首，但我依旧牙疼，所以读书无用；研读高等数学，但我还是不幸福，所以读书无用；读过托尔斯泰和亚里士多德的著作，但领导还是不喜欢我，所以读书无用；读了 MBA（工商管理硕士）学位，但月薪还是不到一万元，所以读书无用。

有的书是“颜如玉”，有的书是“黄金屋”。你在“黄金屋”

里细细找了 3 圈，说根本没有“颜如玉”，你很失望。这不是书的问题，这是缘木求鱼。就像你向皮肤科医生咨询了一天，然后抱怨你儿子的感冒一点儿没好。

读数理化可以益智，读文史哲可以怡情，读本科课程可以训练思维方式，读研究生课程能掌握科学方法。有些书是为了兴趣而读；有些书是为了拿到证书而读，适合以知识为中心的学习。

如果不会烧菜，那就去读菜谱；如果总是跟人闹别扭，那就去读与沟通相关的书；如果买不起房，那可以去创业，同时读读“如何经营一家饭店？”“如何做好市场？”“怎样服务好客户？”这一类的书。有些书读来是为了解决问题或者提升能力，我们称之为“致用类阅读”。

所以，读书之前应该先确认自己的目的，然后选择不同的书，并使用不同的读法。比如，致用类图书就不用在乎是否读完，是否理清了作者的逻辑、知识脉络，而应该拆为己用，联系个人经验加以运用（至于原书的体系，并不重要。读致用类阅读的关键是构建自己的知识体系）。

而小说或诗集，正读或跳读都无所谓，懂或不懂也无影响，沉浸其中，物我两忘，一个闲适的下午就这样消磨过去，比看电影开心，比旅游成本低，本身就是无用之用，又关乎什么“读书无用论”！

古代有人生病了，不论啥病——头疼了、手断了、消化不良了——都送到医馆，找同一个大夫用同一套“望闻问切”来瞧病。现代医院就不是这样，你到医院一层大厅的咨询台询问“我要看病，哪个医生最厉害”，对方一定不是直接回答你的问题，而是先问你的症状。

从全科到分科，从笼而统之到分门别类，这是一门学问进化的必然。

读书和学习也是。想想看，为了通过考试而读的书，为了消磨时间而读的书，为了博闻强识而读的书，为了解决问题而读的书……怎么可能用一样的阅读方法？

当发现读书无用时，有人因此嘲笑学习，有人因此指责读书这件事，还有人抱怨内容太晦涩、太浅显、翻译质量太差。这些问题也许客观存在，但这些指责和抱怨忽略了最需要对学习结果负责的人——学习者本人。

读书有用还是无用，关键在于学习者是否具备使学习有用的能力。

知识付费与学习能力

知识付费是不是风口？这是一个新问题。

2016 年被称为“知识付费元年”。“知乎 live”“分答小讲”“得到”“在行”等应用纷纷上线，“喜马拉雅”“豆瓣”“微博”也都推出各自的知识付费模式。

据《2016 年中国网络新媒体用户研究报告》称，33.8% 的新媒体用户已经开始为新媒体内容付费，15.6% 的用户有付费意愿但还没有付费行为。

拆书帮虽然是非营利性组织，但汇聚了各个城市最爱学习的一批职场人。拆书帮超过 6 成的会员都参与过某种形式的知识付费，有一位“报课狂人”过去 1 年在网络学习上投入数万元。

我问他，那些形形色色的在线课和训练营给你带来了哪些收获？他想了一会儿说，主要是心里踏实吧，比如开车的时候放一段名师音频，就觉着“时间没白过，充了点儿电”。他又说，后来买了很多课都没来得及听。

过去一年中看似火爆的“知识付费”，其实是由用户的焦虑、恐慌和好奇心驱动的。

在当下这个变幻莫测、充满不确定性的世界，人们都不知道自己将何去何从，于是他们的内心满是“知识焦虑”和“知识恐慌”，这时候，每当有人包装出一个“你必须关注的未来”或是某些“成功之道”时，他们就忙不迭地去一窥究竟。

这种情形像极了家长们热衷于把自己的孩子送进各种奥数班、写作班、智力开发班、兴趣班，而仅仅是因为“别人家的孩子都在上，我们不上，输在起跑线上怎么办？”

一个大家无法回答的问题是，假如这群焦虑、恐慌的用户从知识付费产品中感受到的价值并不明确，他们还愿意继续付费吗？[①]

2017 年 3 月，“得到”创始人罗振宇披露，“得到”总用户数为 558.48 万，日均活跃用户数为 45.45 万，专栏日打开率为 29.3%。也就是说，学习者虽然花了钱，但每天听课的占比不到三成。

这不是个别现象。实际上，“喜马拉雅”等平台的公开数据显示，付费用户的打开率和播放率都在大幅下降。花钱买了却不听的大有人在，且这一类人数的比例在持续上升。

各种声音也相继出现，有人说知识付费是“欺骗者的游戏”，有人把“购买知识产品”称作“交智商税”。

此时距离这个风口兴起还不足一年。

有人感慨，移动互联网时代，新风口轮番登场，新问题层出不穷，“苟日新，日日新，又日新”。

---

① 转自微信公众号“三节课”（ID：sanjieke），作者：黄有璨。经授权引用，略做修改。

但是，付费学习的起起伏伏根本不是新问题呀。因花了钱听不完而感到愧疚的人，请看看自己家的书柜：有多少书是买来而没有看完的？没时间、没精力、记不住、学不下去，其实这些都是老问题。

认为听了也没什么用，因而冷嘲热讽的人，唱的是“读书无用”的老调：学习没收获，就指责读书没用、老师不行、内容不好。这种学习能力低下的情况，也是老问题。

> 大部分人认为自己需要知识付费产品，但又无法从中获得价值，而这并不影响消费者继续付费，因为这些人并不能识别知识，也并不是真的需要这些知识。换句话说，大多数人并不知道自己缺乏哪方面的知识，所以那些面对大众且未必有深度的知识必然大受欢迎。
>
> 大多数人并不是因为知道自己缺什么，然后去弥补，而是受社会化媒体、传统媒体和内容演绎者的包装影响而做出选择。
>
> 很多知识只是长得像知识而已。
>
> 很多人也只是装作很爱学习而已。[1]

---

① 转自微信公众号“张记杂货铺”（ID：zhangleo1983），作者：张亮。经授权引用，略做修改。

经济学早有定论，任何市场要想健康发展，实现“良币驱逐劣币”，从来不是靠卖家的自律，而是靠买方的辨别力。能判断自己需要的课题、分辨各种来源的信息，也是学习能力的一个重要维度。

从商业角度，判断知识付费的价值是看对消费者有没有真正的价值；从教育角度，则看学习者有没有真正地成长。而对成人学习来说，有无成长，归根结底不取决于平台、模式、内容等，而取决于学习者的学习能力。

知识付费能否持续，关键在于学习能力普遍低下的状况能否得到改善。

伪学习与真正的学习能力

新问题层出不穷，比如热门的学习课题——“昨日全民学创业，今日人人树 IP”，比如流行的学习工具——“手机让接收信息空前便利，同时信息质量大幅下降”。

有些老问题一直没有变，比如学习能力普遍低下的事实。

我最早是在阿里巴巴工作，从销售管理做到培训管理，后来去不同的企业讲课，慢慢有了一点儿名气。邀请我的企业越来越多，但同时我的自我怀疑也在加剧：那些听我课的学员们在听到新知识的兴奋之后，在经历培训现场的激动之后，在给予高分评价反馈之后……他们到底能改变多少？还是所谓的“听听激动，想想感动，回去不动”？

其实，很多爱学习的人都有类似的困惑：买了很多书，但没时间看、记不住、看不下去；报名了很多在线课程，但听后除了觉着老师很牛，并没觉得自己变得更好。

你可能制订了很多计划：锻炼身体、学习英语、少玩手机、坚持早起……但大部分都没坚持下来。有时候你可能会想：就算坚持下来了，又能怎么样呢？

困惑的不只你一人，整个企业管理界以及企业培训师、人力资源管理者、人才发展专家……都希望解决这些问题。而几乎全部解决思路都体现在：升级教的理念、教的设计、教的技巧、教的工具……早在智能手机兴起之前，就有企业大学校长跟我说，如果我们能够让企业培训变得碎片化、移动化、社区化和游戏化，培训效果就会大不一样。为此，他们给一家企业投入了近千万元人民币，研发 e-learning（数字化学习）系统，开发对应的 App（应用程序）和微课。

但我从培训管理工作和几百场培训实践中总结的经验是：职场人学习效果的瓶颈主要不在“教”，而在“学”上。老师们在“教”上升级再多，如果到了学习者那边总是乘以零，那学习效果还是零。你看，现在的微信、微博，其实已经实现了碎片化、移动化、社区化和游戏化，但平心而论，大部分人在手机上的学习效果并不怎么样。

这两年，读书似乎又热了起来，同时各种在线学习资源越来越多：MOOC（开放式网络课程）、学习类公众号、在线微课、在线训练营和各种大V等。但信息越多、越繁杂，人们就越需要真正的学习能力，越需要构建自己的知识体系。大部分职场人在学习时“听听激动，想想感动，过后不动”的问题本质上没有改变，只是表现形式更加多样化了。

以下是4类常见的伪学习，看看你有没有中招儿。

第一类伪学习——追逐各类“干货”，无论干货的表现形式是20分钟音频、10分钟视频，还是PPT（演示文稿）或者思维导图。

第二类伪学习——追捧各类“大神”，想当然地觉得听了牛人的分享，自己也会变牛，而且也没有能力辨别那是真“大神”还是“跳大神”的。

第三类伪学习——崇拜各种“新知”，最喜欢《失控》《从零到一》《人类简史》《大数据时代》这样高屋建瓴的图书，看到“你从前对职业规划的认识都是错的”这样的标题就赶紧打开，碰上从量子力学开始讲创业，或者从脑科学出发谈沟通的文章，能兴奋得浑身发抖。

第四类伪学习——沉迷于不解决实际问题的努力。对这类人来说，勤奋、坚持，以及读书、听在线课程的数量本身就是意义。有人奔波于各个社群，有人参加各种训练营，有人立志一年读50本书，有人坚持每天打卡背单词……

你现在可能不完全认同上述观点，比如为什么追逐干货是伪学习，或者你说的干货跟我说的干货是不是一回事。欢迎你带着质疑打开这本书，在阅读中独立思考。本书会把每个观点的前因后果都展示给你。

当然，伪学习也不见得都不好。最终，有人学成了大侠，武艺高超；有人学成了大夫，治病救人。只是大侠和大夫都凤毛麟角，大部分人并没有什么成长。这还不是最糟糕的，最糟糕的是有些人翻了一堆书、收藏了一堆干货、参加了一堆微课之后，以为自己已经聚沙成塔，其实还是一盘散沙。

那么，对于成年人或职场人来说，怎样实现真正的成长呢？

移动互联网时代，可供接收的信息量空前泛滥，但能否真正地通过学习达到预期的效果，关键还在于学习者自己：

第一，学习者是否有足够的学习能力，可以拆为己用，可以处理信息，可以解决问题。归根结底，学习者是否能够达到知行合一。

第二，学习者是否有自己的知识体系，可以反求诸己，可以触类旁通，可以举一反三。是否可以不断升级，最终成为专家。

拆书法是锻炼成人学习（或者说自我导向学习）的有效工具。本书的目标是通过掌握拆书法，全面提升成人学习能力、构建个人知识体系。

拆书法与拆书帮

自2009年起，我开始在一些企业尝试提升学的能力、学的方法、学的兴趣、学的效果。这一尝试从表象到本质，从理论到实践，从工具到方法，逐渐完善形成一个体系。2013年元旦，《这样读书就够了》出版，书中系统阐释了拆书法。同年，拆书帮社群创立，到2014年，《拆书家成长手册》和《拆书帮分舵运营手册》奠定了拆书家成长体系的基础，至今培养出千余位不同级别的拆书家。

在拆书帮，我们借鉴成人教育学的诸多研究，并结合职场人的实际情况，把成人的学习能力分为3个维度：内化与应用知识、分析与整理信息、追问与反思经验。使用拆书法，可以从不同维度锻炼人的学习力，并最终构建出每个人自己的知识体系。

不少人第一次听说“拆书”时都会问：是不是把书拆散？是不是快速抓住书的重点，或者找到书的精华？

现实生活中，“拆”字在哪里出现最多？墙上。如果看到一堵墙上有个“拆”字，外面还画了一个圈，你会怎么想？答案一定是：这里要被拆掉了。

你之所以会这么想，是因为它跟你没关系。

有这么一个村子，穷到村里的小伙子都娶不上媳妇。有个小伙子去县城打了几天工，头脑活络了点儿，买了一桶油漆带回家。他在自己家石头院的墙上刷了个大大的“拆”字，然后给媒婆打电话说：“再给介绍一个对象呗。”

这次介绍的姑娘一到小伙子家门口，看见“拆”字就两眼放光，回去后跟媒婆说“俺乐意”。俩月不到，结婚了。整个村子的小伙子都学会了这一招儿，全村房子都刷上了“拆”字，全村小伙子的婚姻大事都解决了。

请问，那些姑娘看见房子上的“拆”字时想的是什么？

A. 这幢房子要被拆掉了。

B. 拆迁款！补偿！新房子！

一定是B。因为这事跟她们有关系了。哪怕仅仅是可能有关系，可能带来价值，都会影响和改变人们的想法和做法。

拆书也是这样，重要的不是快速找出书中的重点，那跟我没多大关系，重要的是拆书能不能为我创造价值、为我解决问题。

> “拆书”是一种学习方法论，适用于以提升能力、解决问题为目标的成人学习，强调以学习者为中心，而不是以知识为中心，要用知识关联学习者的经验、规划具体的运用场景。拆书法分为供个人学习的拆书法和供组织学习的拆书法：个人学习通过运用“便签学习法”[①]，让人读一本致用类图书就能达到参加同主题培训的效果；组织学习依靠“RIA 现场学习”，由拆书家将一本书加工成一场现场培训，引导和促进一群人把知识拆为己用。以学习者的学习效果来衡量的话，一位拆书家创造的价值不亚于一位培训师。
>
> “拆书帮”是基于拆书法的学习爱好者社群，表现为各地的“拆书帮分舵”（也叫“拆书帮俱乐部”）。拆书帮分舵是非营利性“青年自组织”，其使命是“释放学习促进者的能量”，帮助更多学习爱好者成长为拆书家。

拆书法以对成人学习的研究为基础，这些理念并不难理解，但这些理念会颠覆你读书的习惯和学习的思路，并且能解决常见

① “便签学习法”为拆书帮拆书方法论工具之一，后文简称“便签法”。

的成人学习问题，比如压力太大，没有时间学习，看不懂或记不住，看书看不下去等。这些问题困扰着每个渴望自我提升的职场人，我将在本书第一章讨论。

第二章中讲解我们必须区分两类学习，一类是“以知识为中心的学习”，另一类是“以自己为中心的学习”。以知识为中心的学习也叫“学院式学习”，通常是以通过考试或科学研究为目的，主要强调对知识的理解、记忆、归纳、解题。以自己为中心的学习也叫“成人学习”，主要强调解决问题、提升能力。另外，第二章也谈及拆书法的两种实践形式：一是供个人学习的便签学习法，二是供组织学习的（由拆书家带领）RIA 现场学习。

第三章希望你能判断自己属于哪类学习者。虽然两类学习法并无高下之分，但多数人受多年传统教育影响，只熟悉一种学习法。学习能力强的人应该能够同时掌握两种方法，并灵活运用。拆书法和便签法就是锻炼成人学习的有效工具。

第四章详细讲解了便签法，应用便签把书中知识拆为己用。

第五章把学习能力从一维（内化与应用知识）拓展到三维，新的维度包括如何在移动阅读中有效学习、如何通过经验学习。便签法的进阶应用可以从每个维度上助力学习能力的升级。

所有学习都应该本着为自己的知识体系添砖加瓦的原则。第六章我们将探讨知识体系的方方面面。第七章列举了几个构建个人知识体系的范例。

第八章介绍了主动学习，包括如何选择学习课题，如何选书，如何善用移动阅读来学习，如何用便签辅助写作，以及主动学习的最高境界。

第九章的主题是拆书家，通过教会别人，拆书帮可以得到最好的学习效果，可以把一本书加工成现场培训，可以帮助身边的人构建知识体系。

如果你因好奇而翻开这本书并读到这里，不妨带着两个问题开始接下来的拆书法之行。第一，生活、工作和学习总有那么多问题，你选择怨天尤人，还是反求诸己？第二，对成年人或职场人来说，需要具备的能力太多了，那么优先提升哪项能力会带来最大、最持久的收益？

第一章

读书为什么这么难？

本章引用了一个职场女性的故事。如今外企已不复杜拉拉时代的光鲜，但职场人在读书和学习中常见的问题并没有改变，反而愈演愈烈。

大部分人的反应是遇到问题就解决问题：没时间，那就早起；没精力，那就抱群努力、坚持打卡；看不懂，那就找原文、慢慢抠；记不住，那就画思维导图，做摘抄记录、康奈尔笔记；看不下去，那就用番茄工作法逼自己专注。且不说这些方法的效果如何，这种“头疼医头”的方式，真能达到成人学习的目的吗？

我们的结论是：如果学习者缺乏内化和应用知识的能力，即不能把知识转化成自己的能力，那么即使解决没时间、没精力、看不懂、记不住、看不下去等问题，也没有多大意义。

她是个南方女孩儿，大学毕业后在国企工作了1年，然后辞职到了广州，进入一家做汽车配件的民营企业当业务员。她干活儿舍得卖力气，对公司的活总是忠心耿耿地傻干。可是两三年过去了，她发现自己越来越无法忍受这份工作了。

她跟朋友讨论过，认定自己的职场方向是外企，最好是高科技行业的500强企业。经过准备简历和重重面试，她入职一家美资公司，职位是华南大区销售助理，月薪4 000元。

两年之后，她升任行政主管，年薪8.5万元。

又奋斗了4年多，在30岁的时候，她被破格提拔为经理，年薪猛涨到23万元……

这个女孩叫杜拉拉。

作为职场小说开山之作的《杜拉拉升职记》在2007年首次出版。在之后的10年，虽然中国职场发生了剧烈的变化（市场环境越来越复杂，上升通道越来越狭窄，阶层固化越来越严重），但类似杜拉拉的职场形象却从未离开过我们的视线：杜拉拉是《奋斗》（2007年）中的陆涛，是《蜗居》（2009年）中的海萍，是《北京爱情故事》（2012年）中的石小猛，是《浮沉》（2012年）中的乔莉，是《欢乐颂》（2016年）中的关雎尔、樊胜美和邱莹莹。虽然过去了10年，但职场人的奋斗路径依然相似，其中存在的问题本质上也没有太大区别，若只能从中挑出一人作为中国职场形象的代表，杜拉拉大概会高票当选。《杜拉拉升职记》的再版封面赫然印着“她的故事，比比尔·盖茨的更值得参考”。

《杜拉拉升职记》之所以值得参考，大概是因为这本书的目标读者（职场工作者）觉得自己离世界首富太远，但杜拉拉的职场奋斗史，我们可能会从大学毕业多年后的同学聚会上经常听到。

那么我们就来看一下，一个让人艳羡的职场人意味着什么。杜拉拉曾给自己的老板发过一封信。

拉拉指出，按照公司的规定，经理级别加班无补休，而主管级别加班不拿加班费，但是可补休。自己半年来每个月加班都达 100 小时以上，大大超过劳动法规定的每月加班不得超过 36 小时的上限。①

这本小说描写了职场的种种问题、机会、冲突、方法，但没有提到杜拉拉在大学读的什么专业，平时读了什么书，参加了什么学习课程，也没有讲杜拉拉有什么兴趣和爱好。也难怪，这样的工作强度下，她不可能有自己的生活，也不可能有时间充实自己。

问题一：没时间、没精力

1963 年，密歇根大学的成人教育学教授霍华德·麦克拉斯基（Howard McClusky）提出了生存余力理论模型（Margin in Life Theory），其基本观点是：一个人总是在他需要的精力与可提供的精力之间寻求平衡。那些消耗个体精力的事情叫作“生存负载”（Load of Life），而处理这些负载需要“生存力量”（Power of Life）。无论是生存负载还是生存力量，都由外部因素和内部因素构成。

关于生存负载，外部负载主要指的就是工作，包括职场工作和没有薪水的家庭工作；内部负载主要来自个体不断发展的生活

① 引自《杜拉拉升职记》，作者：李可。

期望：想买房，想换车，想升职，想 40 岁之前实现财务自由。

生存力量呢？外部的力量源自家庭背景、人脉资源、经济能力，内部的力量就是个人的能力和经验。

生存力量除以生存负载，就是麦克拉斯基强调的“生存余力”（Margin in Life）。

$$生存余力 = \frac{生存力量}{生存负载}$$

你手里拿的这本书，每个页面中心的文字部分叫作版心，版心四周的白边就叫 margin。你可以在 margin 上记录阅读心得。如果页面文字太多，就会把 margin 挤得过窄，整个页面看起来密密麻麻，读起来非常累。

职场工作者的生活也是如此。“如果能够保持一定的余力，那么就能够很好地应对不可预见的紧急情况，更好地承担风险，能够从事各种探索性和创造性活动，也更有可能开展学习。”

当然，margin 过多也不好，一本书的白边太多，意味着内容太少，就不会有人愿意买这本书；一个人生存余力过多，也意味着他对别人没什么价值，他可能处于失业当中，也可能是“白占土地”的主儿。

生存余力理论指出：一个人要从事学习活动，必须拥有一些生存余力。

杜拉拉不是官二代也不是富二代，处在事业起步期，外部的生存力量乏善可陈。好在她善于察言观色，又舍得投入精力，快速积累了可观的工作能力和经验，所以她内部的生存力量比较强。但问题是，她的生存负载更大：外部负载是永无停歇的工作压力，内部负载是她自己对升职加薪的强烈渴望，这些导致她每月要加班 100 个小时。

生存负载远远大于生存力量，杜拉拉已经没有生存余力了。这是一对矛盾：杜拉拉的工作压力越大，对未来的期望越高，就越需要学习；而学习需要生存余力，但压力越大也意味着生存余力越少，即她有想法，但没时间报考和学习 MBA 课程，没时间准备专业资格考试，甚至没时间认真读完一本书。

杜拉拉的故事发生在 10 年前。这 10 年来，职场环境的变化越来越快，对职场人的要求（适应新变化、掌握新技能、解决新问题）越来越高，留给职场人学习的时间和精力却越来越少。

问题二：看不懂、记不住

不读书的原因，除了没有时间读书外，最常见的就是“看不懂”“记不住”。可你想过没有，即使你完全读懂了书中的内容，甚至背诵下来，又能怎样呢？

作者不会给你发奖状，也没有老师出一张关于这本书的试卷让你得满分。

对以知识为中心的学习来说，看不懂和记不住是致命的问题，它意味着无法通过考试。这种学习形成惯性后，哪怕没有考试了，人们仍然认为看懂和记住是学习的前提，甚至是学习的全部。

你可能会说："这么做错了吗？"当然错了，对成人学习来说，学习的中心应该是学习者自己。有人能够通过记一本词典学会一门语言吗？不能。所以，即使我们熟读《卓有成效的管理者》，也并不能成为一个卓有成效的管理者。

著名教育家克里提克斯（Criticos）曾说："经验本身有价值吗？并非如此——真正有价值的是在对经验进行反思之后的智力发展。有效的学习来自有效的反思，而非积极的经验。"

同样，阅读本身也不能创造价值，理解和记忆知识都不能创造价值。改变行为才有可能创造价值。并且改变行为只发生在将读来或者听来的知识内化和反思之后。

读不懂的内容可能是原书的重要部分，但对我不一定重要。对我来说，只要能够内化和应用，得鱼忘筌也没有关系。

《杜拉拉升职记》号称正版销售200万册，盗版销售近千万册，根据其制作而成的电影和电视剧更是吸引了难以计数的观众。

其中多少人在读完、看完之后只是唏嘘、感慨几句，之后一如既往地工作和生活！就如同小石子掉入深井，连一圈涟漪都没有激起。

我们现在不妨做一个小小的测试，请你读一下《杜拉拉升职记》中的这一段文字，大约 300 字，需要 1 分钟，看看这 1 分钟的阅读会给你带来什么。

R 阅读原书拆页

拉拉内心深处，对李文华的贡献也并不满意，她看得出来，李文华对她的指点，更多的是顺便性质，而谈不上系统有机的安排。她决定假借感谢之名，既是激励一下两位 peers（同级），也是为了给他们更多的压力，以索取更多帮助。

为了区分王宏和李文华对她成长的贡献，也为了鞭策王宏，并让李斯特了解自己的进展，拉拉做了一个总结报告，用邮件发送给李斯特，同时抄送给了工宏和李文华。

拉拉用一个简洁的表格来做这个总结报告，表格中分为四项内容：受训目的，受训内容，facilitater（帮助者、促进者），效果及进程。简言之，就是谁教会了她一些什么。

李斯特一看这个报告，就明白了两点：一是拉拉进步神速，二是王宏基本没有搭理拉拉。

好，读完了，没什么看不懂的。

问个问题：一个月之后，你还能记住书中这段内容吗？

再问个问题：无论是否看得懂，是否记得住，一个月之后，读过的这段内容会对你的生活和工作有一丁点儿影响吗？

不会有影响。如果不会，是否看懂、是否记住，就不是很重要的问题。

自我导向的阅读，不太关心看不懂和记不住的问题，只关心能不能通过阅读提升自己的能力，改变行为。

所以，在拆书帮里，我们给学习加一个“然后”。以下为拆书帮 RIA 现场学习实录的节选。

I 拆书家讲解引导

刚刚请大家说对杜拉拉的印象，有人说她专业，有人说她有心计、善谋略。那么，读完这段，你是感觉杜拉拉专业呢，还是有心计、善谋略呢？都有是吧？其实问题应该这么问：有些人在工作中让同事、老板、客户感觉他专业，这种感受是怎么来的？一定是通过某种现象、某些事情观察来的，如果你能有心计地主动去做这些事情，那么就可以让别人认为你专业。对不对？而实际上呢，实际上专业吗？这就取决于，你是只做表面功夫，还是这已经成为你做事、思考的方式。

这段内容就体现了专业的一个基础要求：注重事实，关注细节。你对合作伙伴不满，你怎么跟老板说？你认为现行政策不合理，你怎么跟老板汇报？可能很多时候你就直接把观点摆出来了，甚至把情绪带出来了。“我觉得他根本就不重视这件事！”“这样做肯定行不通！”……但是这么说效果如何？一般都不好，对方觉得这是你主观的、片面的、暂时的，甚至不负责任的看法。所以，一定要记住，说事实比说观点有效，更能影响人。因为事实是客观的，能够体现专业性和职业性。杜拉拉的例子进一步说明，说事实的要点是讲出细节来。细节说服人，细节打动人，细节就是力量。

所以，我们在杜拉拉身上要拆解出的第一个能力是：注重事实，关注细节。

A 学习者拆为己用

现在请大家想想，你在过去一周中不够客观的一次表达。你当时是怎么说的？如果要应用“注重事实，关注细节”，你会怎么说？

现场学习者 1：

先说个观点：这样讲解的启发真是很大！以前我们读过去就读过去了，没有思考得这么深入。我特别喜欢这本小说，自己读了两遍，还推荐给好多朋友读。赵老师选的这段文字我有印象，读的时候就觉得杜拉拉这么做很专业，让人挑不出毛病来。经赵老师这样拆解，我才知道这段内容是说事实和说观点的对比，还有工作中分类汇报体现了专业性。

上面这样算不算陈述事实了?

至于实际应用，首先就是跟领导说事情，尤其是比较敏感的事情，尽量给出事实，让事实说话。前天我带的项目进行到中期，出了一些问题，得延长时间。我就去跟领导说了，说项目遇到困难，肯定不能按期完成。我现在想，这么说不合适，他会认为要么是我们不努力，要么是我们能力不够，因为在项目规划的时候不能预测到所有的困难，这也属于能力问题。我应该跟领导说明项目遇到的具体困难，每个困难的细节和发生的原因。

现场学习者 2:

上次参加拆书帮，第二天就有同事问我这个活动怎么样。我跟他说很好。

下次再有人问我，我就会列举出一些细节，让他通过细节明白活动到底好在哪里。

现场学习者 3:

我是人力资源部的，负责招聘。我们在招聘的时候也用到了这个能力，就是一定要看细节，要问事实。有的岗位特别讲求细心，应聘者说自己很细心，这不算，这是观点。我就会问他能不能举个例子。有的岗位特别讲求创意，应聘者只说自己很有创意就不够，还得说出几个具体的创意，当时是什么情况，他是怎么想到的，后来又做了什么，别人有什么反应……能说出这些来，我们就相信他是真的有这个能力。

现场学习者 4：

不能只跟客户说我们产品好，效果特别明显，买了绝对不后悔。我们有些销售特爱跟客户说这些，还拍胸脯保证，结果客户不见得信。还是应该说细节，说出具体的数据，这样更有说服力。说成功的故事也行，“某县某个竹炭产品生产企业的李总于 2009 年 6 月开始购买我们的服务，开始时他只是抱着试试看的态度，反正就 2 800 元钱，结果不到一个月……”这样讲故事的效果也特别好。我们的销售冠军就是讲故事高手，他的经验就是一定要说细节，越细越好。

相信你已有所感悟，对致用类阅读来说，重要的不是看懂，而是能和自己的经验发生联系；重要的不是记住，而是能够将知识用到自己的工作和生活中。

拆书法给阅读加了“然后”，不再是孤零零的“R”（Reading，阅读），而是扩充为“R”“I”“A”三个核心环节，来帮助学习者做到把知识拆为己用。我们将在第二章中详细介绍“R”“I”“A”这三个环节。

问题三：看不下去

你有多少次拿起一本书却半途而废？又有多少次为此而心怀愧疚？

《如何阅读一本书》之所以成为长销书，大概就是因为怀有这种愧疚的人太多了，总觉着自己对不起买来而没读的书，于是从这本关于如何读书的书中寻求解决之道。

> 你买了一本书，就像是买了一项资产，和你付钱买衣服或家具是一样的。但是就一本书来说，付钱购买的动作却不过是真正拥有这本书的前奏而已。要真正完全拥有一本书，必须把这本书变成你的一部分才行，而要让你成为书的一部分的最好方法（书成为你的一部分和你成为书的一部分是同一件事）就是将书的内容写下来。

> 对已经习惯做笔记的人来说，书本前面的空白页通常是非常重要的。有些人会保留这几页以盖上藏书印章。但是那不过表示你在财务上对这本书的所有权而已。书前的空白页最好是用来记载你的思想。你读完一本书，在最后的空白页写下个人的索引后，再翻回前面的空白页，试着将全书的大纲写出来，用不着一页一页或一个重点一个重点地写（你已经在书后的空白页做过这件事了），试着将全书的整体架构写出来，列出基本的大纲与前后篇章次序。这个大纲是在测量你是否了解了全书，这跟藏书印章不同，却能表现出你在智力上对这本书的所有权。[①]

现在感觉如何？你为读不完一本书而心中有愧，《如何阅读一本书》却质问你：怎么才算是读完？从头到尾翻过可不算，你得在全书最后写下个人索引，在全书最前页归纳整体架构，在书页中间做结构笔记、概念笔记和辩证笔记。

美剧《生活大爆炸》（*The Big Bang Theory*）中有一集，佩妮苦于和男朋友没有共同语言，就想了解男朋友的工作——实验粒子物理学，于是向另外一位物理学博士求助。后者说："这要从古希腊的一个夜晚说起……这是一段历时 2 600 年的旅程，我们慢慢

① 引自《如何阅读一本书》，作者：莫提默·艾德勒。

讲，急不来的，要从古希腊，学习到艾萨克·牛顿，到尼尔斯·玻尔，再到埃尔温·薛定谔，最后再到你男朋友正在研究的荷兰学者们的工作……”

这位物理学博士所说的是最系统、最完善的读书方法。这是研究型的学习法，是对书负责的极致。但是，这不是成人学习，不是致用类图书的阅读方法。

正如大部分人学习如何使用电脑时不应该从汇编语言或 C 语言学起，也不应该从五笔输入法学起，而应从实用性的角度开始了解：想跟人交流，就学怎么发邮件、聊 QQ；想写个电子文稿，就学拼音输入法和办公软件。

同理，佩妮不需要学一个学期的物理学史的课程，只要懂一点儿男朋友的研究到底有多牛即可。如果你以自我为导向来学习，也不必写索引、列大纲、记笔记，甚至不需要读完整本书。

在《福尔摩斯探案集·血字的研究》中，华生医生惊讶地发现，福尔摩斯居然不知道地球绕着太阳转。福尔摩斯解释道，因为人的大脑容量有限，他不能让这些没用的知识占据那些存放有用知识的位置。他这样说：“这与我有什么关系呢？你说我们在围着太阳转，就算我们是在围着月亮转，对我或我的工作也不会有半点儿影响。”

在任何一个领域、任何一本书中（包括本书）都有很多你能学习的知识，但是其中也有相当多的知识是你不需要学习的。这是没有必要读完一本书的第一个原因。

第二个原因是，读得越多，不见得用得越多。不妨回忆一下，近年来你彻底读完的一本书是不是对你帮助最大的一本书？或者你读过的最厚的一本书是不是为你创造价值最多的一本书？恐怕未必。

所以，价值多少跟读得多少没有关系，读得少而精反而更可能去应用。因此，若再在微信朋友圈看到类似《我是怎么每周读三本书并且都记住》的文章，你应该先追问作者这样的坚持带来了什么。

第三个原因是，只要你能将读的书在工作中用上一丁点儿，图书给你创造的价值就已经远远超过书价。

我能理解人们抱怨肉价太高，但越来越不能理解有人抱怨书价太高。在这个通货膨胀犹如脱缰野马的年代，收益率最高的投资就是提升自己的能力，尤其是学习能力，性价比最高的商品就是图书，尤其是致用类图书。

而且，你不需要花很多时间跑去教室、做读书笔记，你甚至不需要拿整块的时间读完一本书。相比书价，这些时间是高得多的机会成本。

说到“书不必读完”，就会有爱书的人生气，虽然我已经小心翼翼把适用范围限定在致用类阅读上。有人坚持认为读书本身就是意义，能够读完并记住就是价值；有人则困惑，不读完怎能把握作者的系统或体系。对于前者，只能说我们的价值观不同；对于后者，可从两方面解答：第一，对成人学习来说，知识体系很重要，但重要的不是把作者的体系搬进自己的大脑，而是构建自己的知识体系（这一点会在第六章展开）；第二，我说是“不必”，没有说“必须不”，你是成年人，完全可以在了解前因后果后自己选择。

总之，现代职场人没有充裕的生存余力，那么更应该给自己装备上投资收益率最高的学习方法。

你在车上、床上、厕所都可以翻几页。（欧阳修对自己治学经验的总结是：“余平生所作文章，多在三上，乃马上、枕上、厕上也。”）如果书中有某处让你想到自己的工作，可以合上书琢磨一下怎样将其内化和应用。如下所示：

> 别忘记写感谢卡。这句话是这本书中最重要的忠告。如果你铭记在心，现在就可以把这本小书扔进垃圾桶，而且已赚回10倍的书价（不，应该是万倍）。很难找到与道谢（如感谢卡或其他形式）的威力相比拟的东西；不，应该说无可比拟。[①]

---

① 引自《追求卓越（个人成长版）》，作者：汤姆·彼得斯。

A2 我的应用（目标与行动）

昨天小刘加班帮我做了样品的检验。我现在就给小刘发个邮件表示感谢，并抄送给他的领导。

读书难，因为没时间、没精力，因为看不懂，因为看不下去。所以，职场人若想更好地通过阅读提升自己的能力，就需要先装备更对症的学习方法论。这种方法论应具备如下特征：

第一，它不会成为新的生存负载：不像读书会那样要求读完全书，不像 MBA 要求通过考试，甚至不要求用大块时间，用零碎时间即可完成。它就好像设计精良的现场培训一样，轻松、愉快、有效。

第二，这种方法强调自我导向，也就是以学习者为中心，而不是以书或老师为中心。

第三，它致力于内化和应用知识，实现能力提升和行为改变，而不是致力于理解和记忆知识。

拆书法通过简单、轻松、有效的阅读帮助你提升能力。你不需要通读全书，只要在阅读时应用便签法，或参加拆书帮现场学习，按照拆书家的引导来反思经验、规划应用或现场演练，就可以把书中的知识拆为己用。

如果学习者缺乏内化和应用知识的能力，不能把知识转化成自己的能力，那么解决没时间、没精力、看不懂、记不住、看不下去等问题也没有多大意义。

从任意一本30元左右的致用类图书中，你可以得到与一场3万元的培训课同等的价值。

如果感兴趣，你可以成为能够带领别人学习的拆书家，轻松把一本书加工成同主题的现场学习。你为学习者带来的学习效果将不亚于同主题的资深培训师。

不破不能立，不拆不成器。

第二章

从“读书”到“拆书”

本章介绍成人教育学的研究成果：成人（职场人）的学习与学院式学习有着本质上的区别，最重要的是学习者以自我为导向、关联经验、强调实践、聚焦于解决实际问题和内在驱动。

拆书法的理论基础就是成人教育学，落实到“RIA 方法论”，强调以学习者为中心，一定要联系学习者的经验，解决学习者的问题，提升学习者的能力。

拆书法有两种实践形式：一是供个人学习的便签学习法，二是供组织学习的（由拆书家带领）RIA 现场学习。

职场人应该怎样学习

海尔大学坐落在海尔工业园内的海尔信息园，其中有幢显眼的建筑叫作“日新轩”。有人说，“日新”取自《大学》章句里的“苟日新，日日新，又日新。”实际上，这个名字取自海尔著名的“日清”工作法。

日清工作法，即每人每天对每件事进行全方位的控制和清理，目的是“日事日毕，日清日高”。海尔自1991年开始推行日清工作法，这一方法最终成为海尔集团奉行的最重要的员工行为准则，是海尔集团传授给每一位新员工的第一个理念。《海尔日清工作法：落实责任和目标的完美方法》一书中说，日清工作法是在中国影响最大、最成功的优秀员工思维理念，是中国第一个来源于企业实践并大获成功的本土化管理模式。

那么，张瑞敏的日清工作法是从哪里来的呢？

> 记得第一次读德鲁克的书时，给我冲击最大的一句话就是“管理得好的工厂，总是单调乏味，没有任何激动人心的事件发生”。这句话当时令我很费解，因为那时好工厂的标志就是要轰轰烈烈，要激动人心。但细细琢磨才体会出道理所在：那些“心中无数决心”的誓师大会表面上轰轰烈烈，但从本质上看对提高管理的有效性却没有任何帮助；那些在突发事件中表现英勇的人和事的确激动人心，但我们需要的不只是对这些英雄人物大张旗鼓地表彰，而是要扎扎实实建立避免发生这类突发事件的机制。这使我们认识到有效管理的重要性，有效就要防患于未然，将例外管理变成例行管理。当时我们根据企业的实际情况创造了“日清”工作法，即“日事日毕，日清日高”，将每项工作的目标落实到每人、每天，形成“事事有人管，人人都管事”的氛围，大到一台设备，小到一块玻璃，都有人负责。每天下班前要根据目标对工作完成的情况“日清”，而日清的结果又与其本人的奖罚激励挂钩，这样便形成了目标、日清、激励三者间的闭环优化

和良性循环。

通过“日清”工作法的推行，一个濒临倒闭、开不出工资的集体小厂不仅迅速扭转了亏损，而且提高了整体管理素质，解决了当时在管理上普遍存在的无效、无序的问题，这也使我们于1988年在行业中以劣势小厂的地位战胜许多优势大厂，摘取了中国冰箱史上的第一枚金牌。这枚金牌要归功于“日清”工作法，更要归功于德鲁克先生。①

紧接着这篇序的是中国人民大学商学院包政教授的推荐序，洋洋洒洒12页中，包政教授强调了这本名著的深远影响，梳理了整本书的脉络和逻辑，并对整本书的内容进行了扼要介绍。

对于同一本书的读法，包政是归纳式的、研究式的，而张瑞敏只是对其中一段“明觉精察”，联系海尔的企业实际创立了“日清工作法”，他的应用和贯彻为创立海尔的辉煌奠定了坚实的方法论。

这是两种不同的学习思路。包政的偏学术，张瑞敏的偏实用；包政的偏学院，张瑞敏的偏江湖；包政的利于通过考试，张瑞敏的注重解决问题；包政的适合普通教育学，张瑞敏的适合成人教育学。

① 引自《卓有成效的管理者》，作者：彼得·德鲁克，张瑞敏为该书撰写的推荐序。

20世纪70年代，美国著名教育学家马尔科姆·诺尔斯（Malcolm Knowles）创立了成人教育学，诺尔斯把成人教育学定义为“帮助成人学习的艺术和科学”，以区别于普通教育学——“帮助青少年学习的艺术和科学”。这样，成人教育学就成为一种试图将成人教育从其他教育中独立出来的理论。

正如欧几里得的平面几何学大厦搭建在5条公理之上，成人教育学理论体系也以5条公理为基石。

有效学习的五大公理

1. 自我导向

随着个体的成熟，一个人的自我概念从依赖型的人格转为自我导向的人格。成人变得具有自我导向性，意味着成人学习者能够参与诊断自身的学习需求、规划、实施和评估自身的学习经验。所以，有效的成人学习应该强调主动参与，而非被动接受；应该强调互动和参与的研讨会，而非强调老师精彩讲授、学生认真接收的培训；应该强调一种学习氛围，使成人学习者得到认可、尊重和支持。总而言之，应该存在一种师生间相互交流、共同探索的精神。

2. 关联经验

成人和青少年的另一个根本差异就是成人具有丰富的且不断增长的经验，这些经验应该作为学习资源供自己和他人使用。

所以，有效的学习应该是基于学习者的经验、充分利用学习者经验的。实际上，利用学习者经验产生的效果比想象中更明显，方法也比想象中更多。

3. 强调实践

无论在工作还是学习中，学习者的表现取决于他做此事的能力和意愿。能力水平和意愿水平的组合，被称作个体做此事的“准备度”，而成人的学习准备度更倾向于实用性。学习内容与他的社会角色、工作岗位、面对的问题关联度越强，他的学习准备度就越高。所以，强调实践，主要体现在“在用中学”和“在学中用”。选择学习内容时，首先要考虑“是否用得上”，判断学习效果的标准要考虑“是否用上了”。

4. 聚焦于解决实际问题

随着个体的成熟，学习者的时间观念会发生一些变化，从知识的未来应用转向立即应用。因此成人学习更多的是以解决实际问题为目标的学习，而不是以解题和通过考试为目标的学习。成人学习没有必要过分追求理论的深入、体系的完善、细节的论证。学习者在解决实际问题的过程中搭建起的关联和系统，远比理论学习的知识体系重要。

5. 内在驱动

成人学习更多的是受到内在因素（希望解决问题、提升能力和自我实现）而非外在因素（如考试、考核、证书）的驱动。具备内在驱动力的成人学习者能够在学习中获得比运动和游戏更多的乐趣，因为他们不仅能在学习过程中体会到乐趣，在学习后更有实实在在的收益。

用这 5 条成人学习公理来衡量你的学习方式，以及你见过的各种学习方式，你是否发现，其中学习方式越符合这 5 条公理的给你留下的印象越深？

拆书法就是建立在这五大公理的基础之上。

在拆书帮，你永远看不到埋头归纳全书大纲、研究写作逻辑的人，你更看不到轻轻推了一下金丝眼镜边框、悠悠吐出一句诗的人，这里聚集了一群迫切想要用知识去指导实践的职场人。总的来说，他们都希望自己像张瑞敏一样能够学以致用。

为什么培训比书贵?

我们先来做几个对比：

《高效能人士的七个习惯》于2010年由中国青年出版社出版，定价39元。

有一个同名训练课程，由Franklin Covey（富兰克林·柯维）公司提供。如果你自己去北京、上海或广州参加《高效能人士的七个习惯》公开课，两天学费为6 000元；请认证讲师到公司来做内部培训的话，价格是每天4万元，另需每个学习者额外交纳2 000元资料费。

《卓有成效的管理者》于2009年由机械工业出版社出版，定价30元。德鲁克学院每个季度在北京召开同主题公开课，两天的学费为4 800元。

《销售巨人：大订单销售训练手册》的2010年简体中文新版把两本英文原著合为一本出版，定价59元。Huthwaite公司在美国和欧洲提供同名训练课程，学费为每人1 450欧元，折合人民币约11 165元。

以上只是经典图书与权威培训之间的对比。还有很多名为“情商”或“情绪控制”的培训课程，公开课价格为2 000~5 000元。但论其核心知识，没有任何一门课程比得上《情商：为什么情商比智商更重要》[①]或《成功EQ密码》这两本书。

或者，如果你想提升自己或公司相关员工的谈判能力，选一位培训师来企业讲课吧！每天1万~8万元的报价区间，各种选择应有尽有。

但是你要知道，以“谈判”为主题的图书，英文版的数量超过了17 000种，中文版的超过了1 000种。虽然有不少滥竽充数之作，但世界级的经典作品几乎悉数译介。比如：

《谈判分析》，霍华德·雷法等，东北财经大学出版社，2005版。

《谈判力》，罗杰·费希尔，中信出版社，2009版。

《活学活用博弈论》，詹姆斯·米勒，中国财政经济出版社，2006版。

《利害冲突》，弗雷德·简特，中国人民大学出版社，2006版。

《哈佛经典谈判术》，迪帕克·马哈拉、马克斯·巴泽曼，中国人民大学出版社，2009版。

这些书的主题都是谈判：有的薄，有的厚；有的偏原理，有的偏实战；有的主要面对客户，有的细谈内部冲突……你完全可以针对企业具体需求挑选适合的图书。而且，其中任何一位作者

① 本书于2010年由中信出版社出版。

都比你花高价请到的培训师权威。

企业需求量最大的学习主题还有哪些？领导力？人力资源？客户服务？项目管理？生产管理？市场营销？职业素养？每个主题都有与之相对应的几万元的培训课程，也有售价几十元的图书。

是不是作者们都保留了一些关键内容，在书中不写出来，只在培训时透露呢？就像猫上树的绝招儿不会教给老虎？不是的。培训和图书所包括的核心知识是一模一样的。

核心内容相同，价格差百倍——难道选择培训课程的企业都是人傻钱多吗？

不然。在高度发达的美国企业和成人教育市场，同样存在这种现象。企业和个人学习者也在实际经历中发现，参加精心设计的现场学习效果确实比读书的效果好。

好多少？好到值得多花百倍的金钱。

核心内容相同，价值到底差在哪里？

我们发现，精心设计的现场培训往往比自己阅读更有效，主要是基于下列公式中能有效促进学习的因素。若把有效促进学习的因素分离出来，也会使我们的学习成本更低、效果更好、选择更多。

图书 = 核心知识 + 书面表达

培训 = 核心知识 + 口头表达 +X

同主题图书和培训课程的核心知识相差不大，可以消项。根据认知科学的研究，对于同样的信息，通过视觉输入或是听觉输入，差别也不大，可以消项。因此可以这样认为：

培训 = 图书 +X

由此可见，同主题的图书和培训课程的差距就在于 X。

X 价值多少？等于参加培训和购买图书的差价。

X 为什么这样宝贵？因为 X 是真正帮助学习者把核心知识转化为自身能力的元素。那么 X 到底是什么呢？

诺尔斯等教育学家研究发现，对成人学习者来说最重要的学习过程叫作 appropriation。作为教育学专业术语，appropriation 常常译作“内化”，其实词源上的意思是“挪用原本不属于自己的东西”，所以我们干脆译作“拆为己用”。这个过程中通常包括学习者激活和反思了过往的经验，设想和规划了未来的行动，以及现场的技能演练。

总而言之，学习者参加精心设计的现场学习（如培训）之所以比自己读书更有效，关键在于有些因素促进了学习者的拆为己用。

$$X=A（拆为己用）=\begin{cases}A1（反思经验）\\ A2（规划应用）\\ A3（现场演练）\end{cases}$$

“拆为己用”才是真的学习

诺尔斯提出的成人学习公理，在精心设计的培训课程中都体现了出来。

1. 自我导向

优秀的培训师通常会做课前调研，以了解学习者对于某个主题的认识、经验、问题和期望，在此基础上设计或调整课程。学习者在学习期间可以随时提出自己关心的问题，还可以在课后评估此次学习。

2. 关联经验

学习者被提醒去回忆自己过去的做法、见闻，然后经过批判性反思，加工以往的经验。学习者还通过现场测试（不是考试），明晰自己的风格 / 习惯，知道自己的水平，认清自己的差距。

3. 强调实践

现场学习中的小组讨论、师生互动、公开分享、游戏和工具，让核心知识不再是单纯的理念，而成为自己参与其中的实践。另外，按照 ASTD（美国培训与发展协会）的报告，优秀的现场培训一定要考虑两点：第一，即学即练，即为学习者提供在安全的环境中第一次练习新技巧的机会；第二，现场反馈，即讲师在学习者练习后给予专业的点评。这样，学习者就可以在之后的工作中很容易地加以应用和实践。

4. 聚焦于解决实际问题

鼓励学习者讲出自己的具体问题，并讨论怎样运用刚刚学到的知识解决实际问题。建议学习者将所学知识运用到工作和生活中，甚至要求学习者详细规划课后应用的步骤和情境。

5. 内在驱动

只有很少的人认为阅读（尤其是读致用类图书）本身是有趣的、快乐的，但在现场学习中，培训师往往精心安排游戏、笑话、故事、视频等多个模块，以使学习者调用多个感官参与学习，有助于学习者理解、思考和记忆。另外，小组活动也让人更加投入、更有兴趣。

培训之所以比阅读更好，关键就在于它能体现出对成人学习特点的尊重和配合，以及对成人学习公理切实的落地和操作。

这就是为什么精心设计的培训可以更好地促进成人学习：

有了 A，学习者更容易理解知识。（体验）

有了 A，学习者可以将知识与自己的经验联系起来。（反思）

有了 A，学习者更容易应用知识。（体验）

有了 A，学习者对知识的印象更深刻。（反思）

有了 A，学习者可以对知识进行第一次实践（安全的演练）。（体验）

有了 A，学习者在演练后可以获得点评。（反思）

学习者在拆为己用的过程中反复“体验”和“反思”，可以更好地将知识变成自己的能力，从而改变自己的行为，将知识应用于工作与生活。“体验”和“反思”两个过程相辅相成、相得益彰、相互促进。

现在，通过对比考查成人教育学理念和优秀的现场培训，我们从中分离出了促进成人学习的有效元素 A1、A2 和 A3。这些元素可以帮助学习者体验和反思，把知识拆为己用，从而提升个人能力，改变个人行为。

那么，同主题培训课程和图书的价值差别巨大，这差别在于培训师吗？

是，也不是。说是，因为 A1、A2 和 A3 主要是培训师带来的；说不是，因为不是只有专业的培训师才能用这些因素促进学习。

推演至此，新的思路渐渐明晰：核心知识不一定要从培训师口中得来，也可以从图书中得来。口头表达或书面表达容易解决，我们可以让学习者现场阅读，也可以适当加一点儿讲解。这样，只要有个人能够在现场为学习者带来 A1、A2 和 A3 即可。这个人不需要像培训师一样是内容权威，也不需要具备精彩的表达能力，这个人就是学习促进者，我们称之为“拆书家”。

拆书家可以像培训师一样带领一群学习者（这些学习者不需要读过原书，只要对主题有兴趣即可）学习，这种学习法不亚于同主题培训，还可以让学习者获得比自己阅读好百倍的效果。这样的学习形式叫作“拆书法的 RIA 现场学习”。

RIA= 阅读拆页 + 讲解引导 + 拆为己用

为避免陷入第一章中列举的成人学习误区，拆书法以学习者为中心，所有的活动设计都是为了让学习者把知识拆为己用。然而，怎么才能做到这一点呢？

首先，我们需要一本能带来核心知识的书。有了这样一个权威的知识来源，我们在学习某个主题时，内容专家的角色就可有可无了。

其次，我们需要有一位拆书家。

拆书家需要激活学习者的经验，促进学习者的参与，催化学习者的应用，还需要适当讲解，以帮助学习者更好地理解知识，也可以适当点评，以帮助学习者更好地自我反思。总而言之，拆书家选择原书拆页，请学习者阅读；拆书家讲解引导，帮助学习者理解并联系自身；拆书家催化促动，促进学习者反思经验、规划行动和现场演练。

拆书家主持 RIA 现场学习的 3 个核心环节分别为（见图 2–1）：阅读拆页、讲解引导和拆为己用。如此可以帮助学习者达到和参加培训一样的效果。

R（Reading，阅读拆页），拆书家请学习者阅读原书拆页。

I（Interpretation，讲解引导），拆书家讲解引导，促进学习者理解知识并关联自己。

A（Appropriation，拆为己用），拆书家催化促动，促进学习者将书中内容拆为己用。

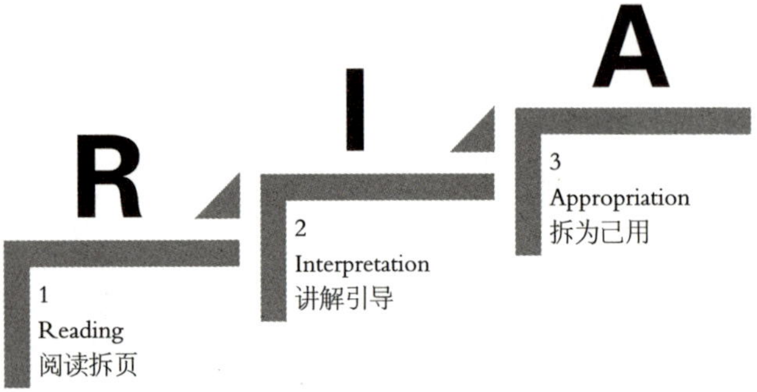

图 2–1　拆书家主持 RIA 现场学习的 3 个核心环节

片面追求“干货”是一种“病”

知识值多少钱?

有人问，从第 34 页的分解因式来看，X 最值钱，那核心知识价值多少？按我们的分解因式来推演，核心知识最多值 30 元——一本书的价格。其实，应该是 30 元减去口头表达的体力成本或书面表达的成本（编辑、印刷、纸张等）。这么说吧，知识不值钱。

这个结论违背我们的直觉，却完全符合经济学原理。

200 多年前，亚当·斯密（Adam Smith）提了一个问题：为什么水很便宜，而钻石很贵？他认为主要是因为供应水不需要太多成本，而开采钻石则需要矿工大量的劳动。后世经济学家基本认同，这位经济学之父率先提出了这个深刻的问题，但给了一个错误的答案。

当代经济学家曼昆在他的著作《经济学原理》中给出了更合理的解释：

> 边际决策还有助于解释另外一些令人困惑的经济现象。这里有一个经典问题：为什么水这么便宜，而钻石如此昂贵？人需要水来维持生存，而钻石并不是不可或缺的；但由于某种原因，人们愿意为钻石付的钱要远远高于水。原因是一个人对任何一种物品的支付愿望都基于其边际利益，即物品产生的额外利益。反过来，边际利益又取决于一个人拥有多少这种物品。尽管水是不可缺少的，但增加一杯水的边际利益微不足道，因为水太多了。与此相反，并没有一个人需要用钻石来维持生存，但由于钻石太少，人们认为增加一单位钻石的边际利益非常大。[①]

知识就像水，本身很好、很重要，但在信息时代，额外得到一份知识太容易了：且不说网上书店和搜索引擎，仅仅是打开微信、微博，就有各类知识直接推送到我们眼前。然后，人们点赞、

① 引自《经济学原理：微观经济学分册》（第4版），作者：曼昆。

收藏、转发……然后，就没有然后了。总之，人们为一份新知识付出的边际成本可以忽略不计，一份新知识能带来的边际利益也可以忽略不计。于是，经济学原理验证了我们的结论：知识是好东西，但不值钱。

有人痴迷于收藏自己觉得好的东西，这本身不是问题。但在发现自己精心收藏的东西根本不值钱时，就说别人不识货，说社会有问题，那就是不懂经济学了。

案例很重要

有人说，我参加培训不是为了听知识，而是为了从老师的案例中得到启发。

确实，案例非常重要。不仅因为案例是叙事性内容，人们喜欢听故事，更重要的是：恰当的案例可以帮助学习者领悟相关知识的适用边界（如特定情境、前提条件、使用条件等）。

互联网时代流行一种病，就是对“干货”的痴迷。不少所谓的“读书会”，主要的工作就是把一本书摘成 5 页的 PPT 或做成半小时“听书精华”视频，美其名曰“脱水版”，然后提供给读者。殊不知，脱去的恰恰是最有可能帮助学习者内化和应用的东西，留下的是最不值钱的核心知识。

从这个意义上来说，拆书法反对片面追求“干货”。我们发现，热衷于收藏“干货”的人，喜欢转发“鸡汤”的人，以及每天发“坚持打卡背单词”的人，往往是同一类人：对成长有压力，对学习有焦虑，却不知道自己真正需要什么样的学习，只好用干货和鸡汤以及不解决实际问题的努力来自我抚慰。

若核心知识是干货，案例就是典型的“湿货”。而在 RIA 现场学习中，拆书家并没有那么丰富的亲身经验，可以像专业培训师那样将干货转化为精彩案例讲解，怎么办呢？

第一，书中有案例。有些时候，拆书家只要转述原书案例就可以了。但很多书（尤其是引进版图书）中的案例会有距离感，因为拆书家面对的学习者和原书作者想象的读者并不完全相同。比如，彼得·德鲁克写《卓有成效的管理者》时，想象的读者应该是 20 世纪 70 年代的美国大企业高管；史蒂芬·柯维最初写《高效能人士的七个习惯》时，目标读者显然是生长在美国文化中的、受过高等教育的人。这样的落差导致西方读者读到案例时会恍然大悟：“对呀，我也该像这样运用。”而中国读者却纳闷：“这到底是什么意思……这在我所处的情况下也管用吗？”本来作者举例是为了让读者拨云见日，可时空的距离反而形成了雾里看花的效果。当然我们不能苛求作者为几十年后地球另一边的读者考虑，但这恰恰是拆书家可以创造价值的地方。拆书家应该把原书案例“意译”为更适合当前学习者的案例。这是拆书家需要掌握的一项技能，即“意译原书案例”。

第二，学习者的经验（经过反思）是最好的案例。拆书家在A环节要尽最大努力，促使部分学习者联想并讲出自己的相关案例（亲身经验或实际运用），其他学习者可以从他身上得到启发。学习者相互之间的案例也许没有培训师的案例那么精彩，但是足够亲切。

自己读书时怎么做

有人说，我不想做拆书家，我就想自己读致用类图书时能拆为己用。

本章从“为什么参加培训比自己读书更有价值”说起，现在落到“拆书家能促进学习者达到和参加培训一样的效果”的结论。可是，如果没有拆书家呢？

我们知道有些人，像张瑞敏，自己读书就能达到和参加培训一样的效果。那是因为他自己摸索出了一套学习方法，不知不觉做到了A。对个人而言，只要能够内化和应用知识，也就具备了把知识转化为个人能力的能力。

自己读一本书，如何也能达到参加同主题培训的效果呢？只要锻炼这种重要的学习能力即可。第三章会详细介绍这部分内容。在第四章，我们会提供一种工具——“便签读书法”，学习者在运用“便签读书法”的同时也在锻炼这项能力。这项能力是真正的学习能力，因此很重要，也很有价值。

也就是说，拆书法有两种实践形式：供个人学习的便签学习法和供组织学习的 RIA 现场学习。

RIA 现场学习：把知识转化为能力

拆页一

R 阅读原书拆页

（管理者）要做系统的时间管理。我们先要将非生产性的和浪费时间的活动找出来，尽可能将这类活动从时间表上排除出去。要做到这一步，可以试问自己下列几个问题。

1. 首先要找出什么事根本不必做，这些事做了也完全是浪费时间，无助于成果。将时间记录表拿出来，逐项逐项地问：“这件事如果不做，会有什么后果？”如果认为“不会有任何影响”，那么这件事便该立刻取消。

2. 第二个该问的问题是：“时间记录表上的哪些活动可

以由别人代为参加而又不影响效果？”

3. 还有一项浪费时间的因素，是管理者自己可以控制并且可以消除的，这项因素是：管理者在浪费别人的时间。①

拆书家讲解引导

管理要管什么？一般人会说管人管事。而“管理学之父”彼得·德鲁克认为，管理者先管时间。时间管理的重要性我们不必多说，这里德鲁克给出了管理者管理时间的 3 个办法。如果你接触过一般的“时间管理”课题，对比一下就会发现，这 3 条中有 2 条都是管理者特有的时间管理问题。哪两条？第 2 条和第 3 条。

即能让下属做好的事情，若我自己去做，就是浪费时间；因为只有管理者才有权占用时间，也只有管理者才可能浪费别人的时间而不自知。

① 引自《卓有成效的管理者》，作者：彼得·德鲁克。

A 学习者拆为己用

拆书家：【A1】从过去一周中选一个对你来说比较典型的工作日。拿一张白纸，以 30 分钟为单位，写下这一天你都做了些什么。要稍微具体些，比如不能只写“开会”，要写会议内容。（约 6 分钟。）

拆书家：请每组选出一个人来，拿出他的时间记录表，一项一项问德鲁克曾建议的问题。“这件事如果不做，会有什么后果？”“这件事可以由别人代为参加吗？”“这件事有没有浪费别人的时间？”（约 5 分钟，之后请一组到全班面前分享。）

拆书家：【A2】检查别人的时间记录表，反省自己的时间记录表，你认为自己可以做出哪些改变或采取哪些行动？请规划自己的 A2，越具体越好。并且估算出如果这么做了，每个月能为你节省多少时间。

拆页二

R阅读原书拆页

如果一位主管专找下属的缺点——例如我们的考评制度，这必将破坏主管与下属之间的团结。许多管理者虽然实际上已把考评制度束之高阁，但是他们仍然有敏锐的直觉。他们认为面谈考评是找下属的错误和缺点，因此对这种制度索然寡味。这种看法的确情有可原。病人找医生，医生的责任当然是找出病人的毛病，这原是自古以来医生和病人之间天经地义的关系。可是，如果将这层关系用到主管和下属之间，就有不伦不类之嫌，会造成双方无法合作。所以，管理者不肯运用考评制度是不足为奇的。考评制度的确是一种错误的工具，用错了地方，也弄错了目标。

……有效的管理者，通常总有他自己的一套与众不同的考评方式。这套方式，第一步是列出对某人过去职务和现任职务所期望的贡献，再把某人的实际绩效记录与这项期望贡献相对照，然后检讨下面的 4 个问题：

1. 他哪方面的工作确实做得很好?

2. 因此，他可能会在哪方面的工作做得更好?

3. 为了充分发挥他的长处，他还应该再学习或获得哪些知识？

4. 如果我有个儿子或女儿，我愿意让我的子女在他的指导下工作吗？

（1）如果愿意，理由是什么？

（2）如果不愿意，理由是什么？

这样的考评方式，显然与通常的做法不同。这套方式以当事人的长处为重心，以当事人能做些什么开始。而当事人的缺点，只是视为他发挥长处和力求成就有效性的限制而已。[①]

拆书家讲解引导

在这个拆页中，彼得·德鲁克分享了他对管理者考评下属的想法。他认为，管理者考评下属或者进行绩效谈话时，更多地是在“找缺点”，而德鲁克建议应该努力“助发展”。

① 引自《卓有成效的管理者》，作者：彼得·德鲁克。

问下大家，有多少人在使用某种形式的待办事项清单?

恐怕大家都和我一样，早上坐到办公室，第一件事是打开清单或邮箱，查看哪些事要做，哪些事还没做好，然后开始工作。之后又被各种事情打断，常有紧急的事情需要救火……这样一天下来，通常事情办不完、事情不顺利、事情又增加了好多，心情会怎么样? 焦虑和烦躁，对吧?

现在，试着深呼吸，问自己一个问题：“目前什么事进展还不错? ”来，想想看……

我看到很多人露出了微笑。“目前还有哪些事急需做”与“目前什么事进展还不错”，这两个问题就和如同问下属“为什么没完成指标”和“你哪方面工作确实做得很好”效果是一样的。

有人说，绩效面谈不是为了让下属心情好。没错。绩效面谈也不是为了让下属发现自己之前做得不够好，而是为了让他今后能做得更好；不是为了给他压力，而是为了实现工作目标。而德鲁克说，重要的是着眼于他的工作目标、他的实际表现，对比差异，寻找他的长处，追问怎么充分发挥他的长处……这样能更好地达到绩效面谈的效果。

曾有一位总监跟我讲他经历过的一次绩效谈话，那是他入职新公司的第一个季度，他带领的团队因为处在磨合期，没有完成预定业绩。他说他进老板办公室时是很紧张的，准备了很多解释和表决心的话。但他完全没想到，老板问他的第一个问题是：“说说看，你的团队最棒的地方是什么？”……现在，他在那家公司干了快10年了，管的人越来越多，但他永远都记得那次绩效谈话。

“你哪方面工作确实做得很好”，“什么事进展得还不错”，“你的团队最棒的地方是什么”，“你怎样才能充分发挥长处”……这些提问方式虽然不一样，但思路是一样的，都是为了促进他反思，帮助他成长。所以，在绩效面谈中，精心设计的提问能让下属更有信心、有动力、有方向，这是管理者非常有价值的能力。

当然可能有人质疑，任何时候都不能批评或者指出缺点吗？当然不是。管理是一门手艺，不是一套公式。重要的是德鲁克给了我们很有价值的提醒，值得我们拆为己用。如果下属的缺点已经严重影响工作表现，那么就必须加以区分：他是能力有问题，还是态度有问题，然后运用不同的管理手段。这就是另一个管理话题了。

A 学习者拆为己用

拆书家：【A1】你最近一次与下属绩效谈话是什么时候？请想想，你的下属坐在你面前的时候，他心里更多的是忐忑不安，还是充满希望？谁能给我们分享一个案例。

学习者：……（略）

拆书家：【A3】以小组为单位讨论，在绩效面谈中有什么样的提问，就可以……？讨论时间 7 分钟，把小组讨论成果记录在一张白板纸上。然后我会请每组组长投票选出最实用的问题。

学习者（十几分钟后，大家票选出较好的提问）：

我发现这段时间你在某方面进步挺大，你是怎么做到的？

你认为最近做得最成功的事情是什么？

为了做到这些，你认为还需要哪些方面的提升？我在哪些方面可以为你提供支持？

你的职业规划是什么？你想要什么，达成什么？

你工作上的标杆是谁？

说说你觉得上个季度工作中最棒的事。

从项目 / 失败中，你学到了什么？

你还可以运用哪些资源？

现在做到这样已经很好了，你觉得还有哪些改进的空间？

你的哪些能力能推动这些事情成功？

你认为过去这一年在哪方面提升得最快？

你认为咱们部门做哪些事情能帮助你更好地发展？

曾经预期做到什么程度？实际情况如何？产生的差异中哪些是亮点，哪些是不足？我们能从中学到什么？如何改进？

站在专业的角度，你还能取得哪些现有工作之外的成就？

拆书家：【A2】那么请每个人从以上内容中选出你觉得从你嘴里说出来不别扭的提问，摘抄下来。然后，明天找个下属单独聊一聊，聊之前准备至少3个提问。

从这两个示例中可以看到拆书帮RIA现场学习3个核心环节的作用。首先读书中的一段内容（R），只要片段即可，不需要读整本书。然后，拆书家简要讲解一下刚刚阅读的知识（I），进而要求学习者反思经验（A1）、规划应用（A2）和现场演练（A3）。

学习者理解了这个知识，再响应拆书家的要求联系自己的经验，加以应用。这既是对这个知识的体验，又是对自己经验的反思。RIA 中，A 的环节占时最长，体现了“以学习者为中心”和“学习者创造内容”的原则。

在 RIA 现场学习中，学习者只要按照拆书家的指令做就可以了。若是自己阅读，就需要有意识地要求自己完成 A1 和 A2 环节。第四章将详细讨论如何利用便签法做到这一点。

拆书帮 RIA 现场学习解决了成人学习的三大问题，帮助学习者从一本几十元的致用类图书中获取与一场几万元的培训同等的价值。并且，在这个过程中，学习者几乎不会感到焦虑、愧疚和压力，只有学以致用和能力提升的乐趣。

第三章

学习者的不同境界

职场人遇到的问题通常不在于硬盘里的文件不够多，而在于中央处理器的处理能力不够强。但一提到学习，多数人想到的都是拼命往大脑塞资料。思路不升级，再努力也是初级学习者，往往还是“知识消化不良症”患者。

突破初级学习者的认知习惯，锻炼成为高级学习者和学习促进者，才是王道。因为比答案本身更重要的是不断思考和深化自己的提问，比知识本身更重要的是尽力消化和应用得到的知识。

在由拆书家带领的RIA现场学习中，学习者阅读拆书家选出的原书拆页，听从拆书家准备好的讲解引导，并依照拆书家的指令去拆为己用，从而能够解决自己的问题、提升相应的能力。做到这些，学习者并不需要具备专门的技能，甚至不需要提前阅读这本书，只要在拆书家的主持和引导下体验和反思，即可达到足够好的学习效果。

但若没有拆书家的帮助，自己阅读一本书时也能做到把知识拆为己用吗？当然能，但需要锻炼和掌握相应的学习技能。

拆书法不只是一种理念，不是说能记住成人学习五大公理、知道致用类阅读要以自己为中心就够了。正如能背诵力学公式和能打好球不是一回事。拆书法是一种技能，而技能需要步骤、工具、锻炼、反馈和升级。另外，技能可以有明确的水平阶段。

我们把一位学习者的学习技能分为3个进阶，从低到高分别是：初级学习者、高级学习者、学习促进者。那么你是哪个阶段的学习者呢？先来做个小测试吧！

你是哪类学习者？

测试说明：这里一共有3道题，都为单选题。请选择跟你情况最接近的选项中分数最高的一项。例如，你发现D、E、F选项都与你的情况接近，而F选项分数最高，那么请选择F。由于这只是一个对你个人的小测试，你无须跟任何人分享自己的得分，所以请尽量诚实地作答吧！

第一题　请翻出你最近读完（或基本读完）的一本书，在以下选项中选择与你的情况最接近的一项。

A. 最近读完的一本书……呃，2年前的事情了……我找不到了！（0分）

B. 我读完的书基本上跟新的一样。（0分）

C. 我在一些地方画了下划线／我摘抄了书中的重要段落。（1分）

D. 我记了笔记，归纳了书的中心思想／大纲／段落大意。（1分）

E. 我记了笔记，对于感兴趣的知识点，我用自己的语言复述了一下。（2分）

F. 我记了笔记，联想/回忆了自己的经验，记录下我自己经历过或者见到过的类似情景。（3分）

G. 从读完这本书到现在，我在工作/生活中应用过其中的技巧/方法。我可以说出我是怎么用的。（4分）

H. 从读完这本书到现在，我曾把书中的一些技巧/方法教给别人。（5分）

第二题　请阅读下面的图书片段，回答文后的问题。

“三大神器”的最后一个是解决问题的能力。杰出的解决问题的能力是具备即战力的表现，所有企业都对这样的人才求贤若渴。因为对于所有企业来说，任何时候都缺乏能够解决实际问题的人才。

我还要重复一遍，在虚拟、无国界和倍率经济模式盘根错节的“新大陆”，只存在于实体经济的“旧大陆”的一切规则都是行不通的。

21世纪是一个不确定的年代。

失业、自由职业者、少子老龄化、年金政策……国家也在不断地遇到各种前所未见的问题，并且对此束手无策。

无数曾经被唤作巨无霸的企业由于无法很好地解决问题而被市场扫地出门，进而销声匿迹。

原因很简单，这个国家的知识分子阶层和白领人群已经习惯于解答学校教育中那种具有固定答案的问题，而对于这个不确定时代的种种问题，却束手无策。

用过去成功的经验来回答时下的现实问题已然没有任何作用，“主意”这个词就凸显出其重要性。无论是有关企业经营的重大决策，还是与国计民生相关的各种方针政策，都需要依靠独创的“主意”的例子，在这个国家已经屡见不鲜了。

解决问题的第一步是，自己主动去发现“哪里有问题”，分辨“问题是什么”。以一种打破砂锅问到底的态度，反复探求某一问题的本质，这种“质问的能力”是不可或缺的。

其次，要细究问题产生的原因，并提出使用什么方法能排除对这些原因的假设。在此阶段最重要的是对于“为什么”的问题，以“会不会是这样的原因”给出自己的假设。

为了使自己的假设成立，下一步就要进行验证。假设就是假设，不能以它作为解决问题的基础。如果实践验证了最初假设是不正确的，那么就马上提出新的假设。这样才能找到问题产生的真正原因。

这是解决问题的一般过程。也就是说，一个人是否具备解决问题的能力，其特征不在于能否在问题出现时给出自己的答案，而在于能否用上述方式解决问题。[①]

请参照后面罗列的选项，看你的想法更接近哪项。

A. 这段是说解决问题的能力很重要。（0 分）

B. 我会在解决问题的 3 步法的相应字句下面画线。（1 分）

C. 这段给我带来的启发是，我们往往以为解决问题最重要的是给出解决方案，但其实更重要的是追问和探究问题的本质，然后提出对问题原因的假设，最后验证这个假设对不对。（2 分）

D. 第一步是“反复探求问题的本质”，我自己在这方面做得怎么样呢？比如，昨天，老同学和我聊起她的婚姻，我很快建议她应该怎样做，她听了之后说我会错意了……看来这一点我做得不太好。（3 分）

E. 下周又要开项目会议了，设计部肯定还会提出几个难以解决的问题。这次我就不会直接说可以怎样做了，而要尝试一下这种 3 步法。第一步，先提问，至少要提 3 个问题……（4 分）

F. 对了！我可以拿这几条去培训一下老公。以后再遇到我不高兴的情况，他就可以用解决问题的 3 步法来探究、假设和验证我到底是怎么了……为了让他能听明白，我得先想个案例……（5 分）

① 引自《即战力》，作者：大前研一。

第三题　下面是一个电影片段，请仔细阅读对话，回答后面的问题。

（尼克·内勒是烟草公司的发言人，也是代表烟草集团利益的说客。这天，他读小学的儿子班级里搞一个活动，主题为“你爸爸的工作是什么”。尼克·内勒来到小朋友面前。）

尼克：你们当中有多少人长大之后想当律师？

（一位小朋友举起手。）

尼克：那有多少人想当电影明星呢？

（很多小朋友举手。）

尼克：那谁想当说客呢？

小朋友：说客是什么？

尼克：嗯，跟电影明星差不多，主要工作是说话。我就是说客。

小朋友：那都说什么啊？

尼克：我为烟草行业说话。

小朋友：我妈妈以前抽烟，她说，抽烟会死人的。

尼克：是吗？哦，那你妈妈是医生吗？

小朋友：不是。

尼克：是科学家？

小朋友：也不是。

尼克：那这么看来，你妈妈不是这方面的专家？

小朋友：……（不好意思地低头。）

尼克：没事，听妈妈的话是好孩子。我只是想说，总会有人想告诉你们应该怎么做、应该怎么想，八成已经有人在这么干了，有吗？

（小朋友们点头称是，老师坐立不安。）

尼克：所以，如果再有貌似专家的人跟你说这说那，你可以反问一句“谁说的”。

小朋友：那吸烟对人有好处了？

尼克：不，我不是这个意思，我是说你应该独立思考、敢于挑战权威。如果爸爸妈妈对你说，巧克力很危险，他一说你就信吗？

小朋友：不会！

尼克：这就对了！所以遇到香烟是好是坏的问题，你也不要听风就是雨，要自己找出答案！[①]

请设想你看到这样一个电影片段，然后，想想你的感受更类似于下面的哪个选项。

A. 哈哈，这家伙真是巧舌如簧啊。（0 分）

① 电影《感谢你吸烟》（*Thank You for Smoking*）片段。

B. 男主角应用了一些有效的沟通技巧。①以互动的形式开场，引发受众的兴趣。②寻找与受众的共同语言（男主角本来想用律师打比方，发现大家兴趣不够，于是就改用电影明星打比方。后面又借用巧克力来做比喻）。③当他遇到质疑和挑战的时候，第一反应不是反驳，而是提问。④他做到了在标准层面思考问题。（3 分）

C. 他这是狡辩呢，还是真的有道理？抽烟可能引发咽喉炎甚至肺癌，过量食用巧克力可能导致患肥胖症、心脏病，那么为什么禁烟但不禁巧克力呢？这个问题值得想一想。（3 分）

D. 上次和同事出去吃饭，她说最健康的饮食方法是不吃米和面、多吃肉，能生吃就不熟吃，还说什么“狼吃肉，羊吃草，狼瘦羊肥”，说得头头是道。我不认同她的观点，就跟她争论。现在想来，最好的法子不是争论，而是提问。我可以问她：“谁说的？”“研究的样本量是否足够大？”“这个论点发表在哪本科学期刊上？”“营养学界对此有没有不同意见？”（5 分）

E. 以后会议中出现争论时，我要提醒大家，重要的不是对错，而是找到获得正确答案的方法。（5 分）

F. 我给新员工做入职培训的时候，可以先请他们做一轮自我介绍，然后播放这段视频，提醒他们开场如何激发受众兴趣，让人印象深刻，要求他们今后在任何场合做自我介绍时，都要用互动的方式来开场。然后，请他们现场设计自我介绍的方法。（7 分）

最后，请把自己的得分相加，参考以下标准，判断自己是哪个阶段的学习者：

0~6 分　初级学习者；

7~12 分　高级学习者；

13~17 分　学习促进者。

初级学习者的特征

把书本当作权威，认为学习的主要任务是从所呈现的材料中找出正确的答案。

认同“知识改变命运”，认为学习的目标在于通过考试，学习的成果在于拿到证书。

把浏览知识的数量当作学习的收获，视各种知识大赛的获奖者为偶像，认为每年阅读大量图书且都能记住的人是牛人。

把读书当成一件高尚的、纯粹的、脱离了低级趣味的事，所以不太瞧得起跟致用有关的书，唾弃“有些书不需要从头到尾读”“让书为我所用”的提醒，一律斥之为“太功利”。

在工作很多年后仍然提起自己的大学是多么一流，即使自己引以为豪的“学习能力”在职场中和生活中并没有什么用。

在发现学习效果不好时，指责老师讲得太浅，书写得太差，译文质量太差等。在生活和工作中的实际问题难以解决时，抱怨学历不够高，睡觉和起床不够早，看手机时间太多……

初级学习者可以参与拆书帮现场学习，在拆书家的主持和引导下，有效地学习致用类图书。

高级学习者的特征

高级学习者会先判断学习的目标、读书的类型。对于知识类学习，他们把书当老师；对于兴趣类阅读，他们把书当导游；对于致用类读书，他们把书当医生。

把致用类图书当医生意味着，首先，有能力分辨和选择一位良医（不能是包装出来的卖大力丸的庸医，也不必是高高在上、诊费高昂的名医）；其次，选好良医后不是拜他为师、学他一身医术，而是对症问诊——如，“大夫，我最近一听媳妇说话就头疼，这是什么病”；再次，如果一时不能明确症状对应的病因，也不妨与之漫谈，随时联系自身情况向医生提问，不断地确认自己真正的问题；最后，在医生的指导下制订自己的康复计划。

如果是沉疴宿疾，可能需要召集一群医生会诊。那就是主题阅读的做法了，第八章再详谈。

高级学习者已经学会了不对书负责，而只负责解决自己的问题、提升自己的能力。在阅读一本书或参加培训时，甚至在日常生活中，高级学习者都能主动、有效地学习，并联系自己的经验，设想日后的应用，而且会在应用后“复盘”（股票收盘后再静态地看一遍市场全貌），如此循环。

高级学习者拥抱新知，但从不轻信，他们会分析和整理接收到的信息。高级学习者把遇到的问题当作成长的机会，他们追问和反思真正的问题到底是什么。

高级学习者从不抱怨自己的知识储备太少，因为他们不把大脑当硬盘。职场人遇到的问题，通常不在于硬盘里的文件不够多，而在于中央处理器的处理能力不够强（无论是操作系统还是学院派系统），而且没有顺手的应用软件。

高级学习者还有高下之分。有些人可以把实用指导类图书（如《高效能人士的七个习惯》《卓有成效的管理者》）中明确的实用指导知识拆为己用，但遇到叙事类图书（如《乔布斯传》《杜拉拉升职记》）就做不到这一点了。有些人顺着书的思路进行加工是没问题的，但很难超越图书本身去思考。

跟随拆书家进行 RIA 现场学习，可以起到治病强身的功效。而熟练应用“便签学习法”，可以有效培养高级学习者的学习能力，“锻炼把知识转化为能力的能力”。再进一步，学习的对象可以从知识拓展到各种信息（手机上读到的文章通常属于“信息”），再拓展到各种问题的解决方法，从而构建个人的知识体系。

学习促进者的特征

高级学习者能“治病”，治自己的病。学习促进者还可以“救人”。

学习促进者拥有最强的学习能力——通过教会别人而深刻掌握某个知识。他们是身边人的福音，是快速变化的社会和激烈竞争的职场中最稀缺的人才。

在拆书帮中，拆书家就是学习促进者。他们可以把一本致用类图书转化为一堂课，促进学习者把相关知识拆为己用，同时自己的学习能力、沟通能力和思维能力也能不断得到强化。

初级学习者：原始人的学习状态

2007年，彭博新闻社报道了渣打银行高级经济学家斯蒂芬·格林（Stephen Green）的一项研究。格林说，每个人都生活在变化中，但其他国家的变化速度赶不上此刻中国人所经历的变化速度。

格林在报告中指出：“想象一下，你家20多岁的孩子突然领上了薪水，他换工作的速度让你目瞪口呆；推土机把你儿时住过的房子推倒，摩天大厦在废墟上拔地而起；你的某些邻居踏上了美妙的旅途，而另外一些人则面临着病痛，他们到医院求医，发现在没看病之前就需要支付医院一大笔现金预存款；突然间，街上到处都是古怪的外国人，这些人看起来也有些茫然。”

格林可能是第一个设法计算中国变化速度的经济学家。根据他的计算，1 个“中国年”等于 4 个“美国年”。换句话说，中国人的生活变化速度是美国人的 4 倍。

中国用 30 年走过了美国 120 年的路。这是当代中国发展的背景，却往往被我们忽视。

中国就像一辆高速行驶的大巴车，我们身在其中，能感觉到它晃动，却往往没意识到这车居然开得这么快。绝大部分人跟不上这样的变化速度。不信的话，你算一下自己的收入增幅有没有赶上每年的 GDP（国内生产总值）增幅。在我看来，大部分人抱怨收入增长得慢是没有道理的，因为你能力的增长并没有赶上 GDP 的增长。

那么，怎么才能在这样的疯狂变化中生存？答案是：你的学习能力应该是美国人的 4 倍。

很多人有这样的危机感，他们也确实在学习，但学习的方法是：不会什么，就去考一个证书。这就是初级学习者的典型表现：用自己最熟悉的方式（考试）去解决变化中遇到的新问题。

知乎、豆瓣等网站经常可见很多人面对职场的无力感和在城市打拼的挫败感，他们反复纠结的问题是：

“怎样高效地做读书笔记？”

“我不喜欢现在的专业，我应该去考个研究生吗？”

“我知道现在的生活不是我想要的，但也不清楚未来的方向，请问有什么书可以推荐？”

“我只有中专学历，在社会上处处碰壁，怎么考大学？”

“为什么好好读书却不如那些不读书的人？”

我们对一批拥有本科以上学历、工作经验超过 1 年的职场人进行了调研，结果令人震惊：68% 是初级学习者，还有近 20% 的人算是特殊的初级学习者，不妨称其为“原始学习者”。

原始学习者不读书，他们认为在不确定的世界里没人能告诉自己什么是对的，他们甚至认为任何形式的学习都是无用的。原始学习者更倾向于摸着石头过河，见招拆招，在实践中学习并积累经验。他们这样的态度非常像文明出现之前的原始人类。因为没有文字，经验无法被积累和传播，所以每个人做任何事都得自己从头摸索。

在原始社会，人们别无他法。到了农耕社会，这种“自给自足、闭关锁国”的学习方式所付出的代价还可以承受。但在信息社会，在当代中国，若还是不能或不愿将人类积累的知识转化为自己的能力，我只能说：“祝你好运。”

初级学习者对学习的理解更多停留在知识记忆的层面，要么记住，要么归纳大意，从而造就了大批的初级学习者和原始学习者。对此，中国的教育方式难辞其咎。

我国小学教育的情况是：学英语，背课文；学语文，归纳中心思想；学数学，背公式，做一些跟应用完全无关的“应用题”，例如，上边开着水龙头，下边开着放水管，问多长时间能把水池放满。

中学之后的情况是：任何学习都是为了考试，学生专注于钻研考题，在上大学之前几乎没有学到致用类的知识，学习仍然是为了通过考试，拿学分，换个毕业证。如果不是为了做研究，这种学习方式是完全无用的。

所以会出现这样的怪现象：学生抱怨毕业即失业，抱怨大学生的工资没有体力劳动者高；企业抱怨招不到能做事的人。

在求职时，有一种情况非常普遍：大家把面试当作考试，所以纷纷寻找写好简历和做好面试的技巧。这就催生了一大批收费高昂的培训大学生面试技巧的机构。再没有比这更荒唐的事情了，如果你本来不适合这份工作，却通过技巧让面试官认为你适合并录用你，那么难受的一定是你自己。你听说过“试用期”这个词吗？归根结底，工作看的是人的能力，因为只有能力（而非知识）才能为一家公司创造价值。

中国曾有过一段“知识改变命运”的窗口期。最初，只要有个大学文凭就可以分配到高人一等的工作，名牌大学的学历则能保一生衣食无忧。而现在，学历仅是诸多标准中的一个。同时，教育资源的不平等越发严重，寒门学子需要付出更多的努力才能考取名校。人们更多地需要通过能力来改变命运。

就算对很多优秀岗位来说，学历仍然是敲门砖，那也仅限于招聘应届生。换句话说，如果一个有工作经验的人求职被拒，一定不是因为面试官觉得你的学历不够高，而是因为你的工作经验让他觉得你的能力不够强。

在极速变化的时代，最重要的学习能力就是把有价值的知识转化为自己的这种能力。

高级学习者：将推理用于个人生活

> 知识虽然是基础，但随时可以抛弃。要学会将推理应用于个人生活。
>
> ——查尔斯·汉迪，《思想者》

查尔斯·汉迪（Charles Handy）身材高大，头发花白，笑起来让人感觉特别亲切。他更像是一位老爷爷，而不是深受赞誉的

“管理哲学之父”。

汉迪出生在爱尔兰的一个牧师家庭。12 岁那年，他的朋友为考入温彻斯特学院必须学习希腊语，于是就恳求他陪自己学希腊语。他很高兴地答应了。没想到，这决定了他未来 10 年的学习方向。几年后，他考入牛津大学哲学系，苦读柏拉图、亚里士多德的经典著作。他经常被哲学老师留的阅读作业搞得异常沮丧，天天挑灯夜战却理不出头绪。

毕业后，他去壳牌石油面试。面试官一开始有点儿纳闷：你一个主修哲学的人来这里找工作，恐怕不合适。交谈过后，面试官决定录用他，理由是“你的头脑受过良好训练，内容倒无关紧要”。

他在晚年回忆道，自己后来把拉丁语、希腊语、历史和哲学的细节忘了个精光，但这不重要，重要的是“我学会了独立思考，学会了将推理用于个人生活”。

汉迪在色诺芬的著作中读到，苏格拉底是个伟大的质疑者，他不停地提出问题、不停地探求潜在的假设。

（2 400 多年前的雅典，苏格拉底问他的学生尤苏戴莫斯，什么是正义？学生尤苏戴莫斯说不虚伪就是正义。）

苏格拉底说：“如果他在作战期间欺骗敌人，怎么样呢？”“这也是正义的。”尤苏戴莫斯回答。“既然我们已经这样做了，我们就应该再给它画个界线：这一类的事做在敌人身上是正义的，但做在朋友身上，却是非正义的，对待朋友必须绝对忠诚坦白，你同意吗？”苏格拉底问。

“完全同意。”尤苏戴莫斯回答。

苏格拉底又问道：“如果一个将领看到他的军队士气消沉，就欺骗他们说，援军快要来了，因此，就阻止了士气的消沉，我们应该把这种欺骗放在两边的哪一边呢？”

“我看应该放在正义的一边。”尤苏戴莫斯回答。

“又如一个孩子需要服药，却不肯服，父亲就骗他，把药当饭给他吃，而由于用了这种欺骗的方法竟使儿子恢复了健康，这种欺骗的行为又应该放在哪一边呢？”

“我看这也应该放在正义一边。”尤苏戴莫斯回答。

苏格拉底又问道：“你是说，就连对于朋友也不是无论在什么情况下都应该坦率行事的？”

“的确不是，”尤苏戴莫斯回答，“如果你准许的话，我宁愿收回我已经说过的话。”[①]

汉迪把这个方法内化和应用到工作中，他说：“我们不提供建议，只是不停地问为什么。这有助于人们澄清自己的观点。这是

① 引自《回忆苏格拉底·第四卷·第二章》，作者：色诺芬。

我从苏格拉底那儿学到的。”

“你为什么采用这个战略？”

“因为它能给我们的投资带来最佳回报。”

“为什么你把投资回报当作最重要的标准？”

“因为投资者希望如此。”

“为什么投资者是你做决策的唯一考量？”

“因为商业就是这样。”

“为什么商业就是这样？”

……

1981年，英国开放大学筹了一点儿钱，尝试开办英国第一个管理课程。这个课程叫作“高效经理人”。他们委托查尔斯·汉迪做学术统筹顾问。实际上，他也是唯一一名教师，所有教材都由他一个人编写。其他人包括出版教材的编辑、电视配套节目的制片人、暑期班的班主任以及财务人员、营销人员……他们帮不了他的忙，只会质疑他的教材能不能吸引学习者。

他说，这是他干过的最难的事，等于是扛着炸药包冲上了战场。他决心在这个项目中证实自己“知识必须联系实践”的看法。所以他设计的课程特别强调学习者要在学习知识之后，联系和反思自己的经验。

课程这样规划了，效果要靠学习者的应用来检验。他真能帮助学习者在工作中做得更好吗？

汉迪的课程获得了巨大的成功，成了英国商学院的奠基石。20多年后，学习该课程的人数比欧洲其他商学院的总就学人数还多。

查尔斯·汉迪表现出来的就是高级学习者的思维方式，第二章中提到的张瑞敏表现出来的也是高级学习者的思维方式。高级学习者在阅读中常常提问，可能是追问读到的信息，也可能是追问自己过去的理念。然后，高级学习者会思考这些信息与自己有什么关系，他会搜索和对照自己过去的经验，并且追问现象背后的本质。他还会思考和规划怎样用这些新知识解决自己的实际问题。

高级学习者可以做自己的拆书家，他们仿佛有两个大脑：一个大脑提醒他们要用自己的语言重述信息，要给出自己的经验，告诉自己这里可以读得慢一点儿，那里不妨读得快一点儿；另一个大脑则接受这样的提醒，加工出自己的案例，把知识拆为己用。

几亿人中才有一个张瑞敏或查尔斯·汉迪，但成为高级学习者并没有那么难。如果只按自己的习惯，可能绝大多数人没有这样的意识。但只要稍加提醒，你很容易就可以做一次“临时”的高级学习者。多次提醒后，这样的思考方式就能够成为你的习惯——这就是为什么参与过4~5次拆书帮活动后，大部分人都能够在自己阅读时有意识地应用高级学习者的学习思路。

第四章会为你提供一个工具，帮助你从初级学习者升级为高级学习者，即拆书帮便签学习法。

学习促进者：积极主动地引导他人

> 最好的学习方法就是教会别人。因此，我很肯定，我比学生们学到的东西更多。教学过程总是充满乐趣，因为你在跟一群聪明人共事，为了共同的利益解决问题。
>
> ——史蒂芬·柯维，《高效能人士的七个习惯》

2012 年 7 月 16 日，史蒂芬·柯维（Stephen R.Covey）在美国爱达荷州去世。他的名著《高效能人士的七个习惯》一书至今已在全球销售 2 500 万册。

柯维死后，关于他的书到底是商业经典还是成功学滥调的争论再起。有人说，柯维的著作对自己影响甚大，改变了自己的人生；也有人说，那不过是拼凑之作，并无哪条是自己的发明，只是把陈词滥调加了些包装而已。

也许，双方都是对的。

柯维的读者基本都是商业和政界人士。有趣的是，柯维自己根本没有职场经验。

1932 年，柯维生于犹他州盐湖城。犹他州的 200 万人口中有 70% 都信奉摩门教，他也是摩门教徒。摩门教的 3 个特性可谓众所周知：第一是虔诚的信仰，第二是积极的宣教，第三是强大的商业。这 3 个方面体现在柯维的人生和经历中，在他的作品中也隐约可见。

柯维 16 岁时进入犹他大学学习商业管理学，拿到学位后去英国做了两年摩门教传教士，然后回到美国，到哈佛商学院攻读工商管理学硕士。毕业后，他在爱尔兰又做了一段时间的传教士，后在杨百翰大学取得宗教教育博士学位。他的博士论文的主题是“美国历史上的成功文学”。

在杨百翰大学，他成为校长助理，并开始在校园里传播他研究和总结的理念——也就是“七个习惯”的雏形。他每次上课都能吸引 1 000 多名学生。

51 岁之前的柯维，要么在宣教，要么在读书。

1983 年，他成立了一家培训与咨询公司——柯维领导力中心（Covey Leadership Center），之后开始在商业领域广为人知。

1989 年，《高效能人士的七个习惯》出版后，好评如潮，蝉联各大畅销书排行榜长达 5 年时间。畅销书并不少，但既畅销又长销的书就凤毛麟角了。甚至在 20 多年后的 2017 年，中国亚马逊畅销书排行榜上仍有这本书，列在心理励志 / 职场类目下，销量稳居前 20 名。

柯维列出的 7 个习惯是[①]：

- **积极主动**

积极主动的人绝不浅尝辄止，他们知道要为自己的抉择负责，做出的选择总是基于原则和价值观，而不是基于情绪或受限于周围条件。积极的人是变化的催生者。

- **以终为始（先定目标后有行动）**

个人、家庭、团队、组织，通过创造性的构思来设计自己的未来，他们对于任何项目，无论大小，也不管是个人的还是团队的，都下决心完成。他们标识并献身于自己生活中最重要的原则、人际关系和目标。

- **要事第一**

以要事为先的人总是按照事务重要性的顺序来安排生活并付诸实践。无论情势如何，他们的生活总是遵循自己最珍视的原则。

- **双赢思维**

有双赢思维的人能在交往中寻求双方获利、互相尊重。他们基于到处是机遇和富足的心态，基于“我们”而不是

① 引自《高效能人士的七个习惯》（20 周年纪念版），作者：史蒂芬·柯维。

“我”来思考。他们总是通过向感情账户存款来建立与他人的互信关系。

• **知彼解己（先理解别人，再争取别人的理解）**

当我们怀着理解对方的想法，而不是为了回答对方的问题去聆听时，我们就能进行真正的沟通并建立友谊。这时再坦述己见、争取理解就很自然，也容易多了。理解别人需要的是体谅，而争取别人理解需要的是勇气。效能在于这二者的平衡或适当的结合。

• **统合综效**

统合综效的人与对方合作，寻求第三变通方案。不是我的，也不是你的，而是第三种更好的解决方案。统合综效的基础是尊重、赞赏甚至庆贺彼此间的差异。它是某种创造性的合作，1+1=3、11、111，或者更多。

• **不断更新（磨刀不误砍柴工）**

高效能人士不断在生活的4个方面（身体、社会/情感、智力、精神）更新自己。这将增强他们实践其他有效习惯的能力。

请问，这7条当中，哪一条是你之前不知道的？

这就是大名鼎鼎的“7个习惯”？都对，都有道理，可是有什么新鲜的呢？老生常谈啊，其中有些是小学时就听老师念叨过的。

不够灵活的读者想不到这个问题。另外一些读者太聪明，想到这点后就把书一扔：“《高效能人士的七个习惯》盛名之下，其实难副，不过就是把众所周知的道理强调了一遍嘛！”

其实，老生常谈说明这几条很重要，也说明知易行难：知道知识是容易的，将其转化为自己或他人的行为是困难的。

柯维的贡献不在于发明了这7个习惯，而是他讲述这些知识的内容和方式，这在相当程度上解决了“知易行难”的问题，他的贡献在于帮助学习者把大而化之的常识落实到自己身上。换句话说，他帮助学习者把人类的常识转化为自己的能力。

我们来看一下柯维具体是怎么做的。

首先，如果你是管理者，觉得自己的下属不够积极主动，你会怎么做？

你可能会反复强调积极主动的重要性；你可能会讲故事说明某人不积极主动的后果，或者某人积极主动后的快乐结局；你可能会把一位比较积极主动的员工作为榜样，号召大家向他学习；你可能会列出若干行为准则，做不到的员工就扣奖金。差不多也就这些招数了吧。那么效果会怎样呢？这就很难说了。

而柯维是如何演绎“积极主动”的呢？

1. 积极的人使用积极的语言：“我能”“我要”“我宁愿”……消极的人使用消极的语言：“但愿”“我办不到”“我不得不”“要是”……

想想过去几周自己以消极方式回应的两三件事情。描述一下自己是怎么说的。

（1）______________________________

（2）______________________________

现在，想想在同样情况下自己可以采取的几种积极的回应方式。请将它们写在下面：

（1）______________________________

（2）______________________________

2. 你的圈子有多大。

每个人关注的事物合起来，称作他的“关注圈”。其中有些是他自己可以掌控的事情，形成一个较小的“影响圈”。

积极主动的人更多地把时间和精力放在“影响圈”中，他们专心做自己力所能及的事，从而能使自己的影响圈不断扩大、扩张。

消极被动的人则盯着那些自己不能影响的事，如他人的缺点、外部环境，结果越来越怨天尤人，并总能为自己找到借口。

请列出你在本周内关注的主要问题，并注明它是不是你可以直接影响的。如果是，将其归入“影响圈”，否则将其归入“关注圈”。

（1）________________（　　圈）

（2）________________（　　圈）

上述归入“关注圈”的问题，有没有可能改变其他因素以“间接控制”？

____

____

从引文可以看出，柯维把“积极主动”的概念细化为具体、可操作的方法。并且，他特别强调要与学习者自己的经验联系起来，鼓励学习者改变行为。

如果按柯维的引导去思考了，我们就更有可能做到积极主动地做事情。柯维的思路又来自哪里呢？这些仍然不是他的发明，多引自心理学、教育学的一些研究结果。比如，“控制点”（Locus of Control）理论：

控制点是人格心理学中的一种理论，主要探讨人们认为

> 自己对影响自己的事情有多大的控制力。1954年，朱利安·罗特（Julian B.Rotter）深入发展了“控制点”这一概念，从那时起，这一理论就成为人格研究领域的一个组成部分。这个理论认为，一个人的控制“点”（Locus，拉丁文词汇，意思是位置、地点）可能在内部，也可能在外部。控制点在内部的人认为他可以掌控自己的人生，控制点在外部的人则认为他们的人生和所做的决定都由环境因素决定，而由于他们不能左右这些因素，自然也就无法控制自己的人生。
>
> 拥有强大内部控制点的人认为人生中的事情基本上都是自己创造出来的。比方说，如果一个拥有内部控制点的人在考试中发挥不理想，他会把这个问题归咎于自己准备不充分；如果发挥良好，他会认为这是因为自己学习能力强。同样还是考试，一个拥有外部控制点的人没考好，他可能会说是因为考题太难了；考好了，他会认为是老师教得好，或者是自己运气不错。[①]

柯维用来演绎“积极主动”的“关注圈”与“影响圈”的模型就脱胎于罗特的控制点理论。其实这就是我们反复强调的对知识的拆解。柯维的拆解使我们更容易理解、应用这个人格心理学

① 编译自维基百科“Locus of Control”条目。

概念。换句话说，他帮助学习者把“控制点”的知识转化为自己“积极主动”的能力。

所以说，关于柯维的争议，双方的说法都有道理：柯维不是像查尔斯·汉迪那样发明新思想的理论家，而是非常优秀的学习促进者，是伟大的拆书家。他不仅自己学习能力超强，而且能帮助他人把知识转化为能力。

柯维的著作帮助了数千万人。1996年，《时代周刊》将柯维评为最有影响力的25个美国人之一，《福布斯》称《高效能人士的七个习惯》为十佳商业管理图书之一。

学习者的最高境界，就是成为柯维这样的学习促进者。

并不只有老师或培训师才需要成为学习促进者（何况有些老师或培训师，充其量是个优秀的演讲家，根本不是合格的学习促进者），实际上每个人都应该而且可以成为学习促进者，这在管理下属、教育子女、帮人参谋、自我提升等方面对人都有极大的益处。

甚至在夫妻相处上，具备这样的能力也大有益处。2004年的阿里巴巴年会上，马云曾说过，夫妻之间不应该是相互磨合的关系，而应该是相互培训的关系。这个见解非常深刻。

在第八章中，我会详述为什么教会他人是主动学习的最高境界，而在拆书帮RIA现场学习中，拆书家所扮演的角色，正是这样一个学习促进者。

如何正确地提问？

厨房里，岩岩问妈妈："水为什么会流啊？"

妈妈一边为三岁半的宝宝能问出这么有洞察力的问题而感到惊喜，一边犹豫这个问题该怎么回答。愣了几秒，妈妈说："去问你爸爸。"

一分钟后，岩岩从书房回来，大声告诉妈妈："爸爸说因为水是液体！"

这个答案没错，但岩岩得不偿失：得到了一个对自己没有意义的正确答案，却丧失了原本可以继续探究的学习机会。

常用谷歌的人都知道，谷歌提供一个"计算器"功能。比如你用谷歌搜索"13×17×9"，会在搜索结果页面最上方显示一个计算器，给出计算结果。

然后，你试一下搜"the answer to life, the universe and everything"（生命、宇宙以及任何事情的答案）会怎么样？搜索页面居然也会出现计算器，给出的答案是"42"。

手里有苹果产品的还可以问问 Siri："What's the meaning of life?"（人生的意义是什么？）Siri 照样回答你："42"。

谷歌和苹果都在向一个极客圈中无人不知的典故致敬，这个典故来自道格拉斯·亚当斯的《银河系漫游指南》。这本科幻小说里，有一个具有高智慧的跨纬度生物种族，为了找出“生命、宇宙以及任何事情的答案”，用整个星球的力量造出一台超级电脑“深思”（Deep Thought）来进行计算。“深思”花了750万年来计算和验证，最后得出了“正确答案”：42。

人们问42到底是什么意思，“深思”说：“只有你理解了问题，才能真的理解答案。”

把这个片段拆为己用即：我们提问的时候，要想方设法提出能真正从中学习的问题。而在回答别人（孩子、学生、下属等）的提问时，提醒他不要太关注正确答案，促进他思考自己的提问。

高级学习者怎么提问

一种提问是为了得到正确答案；另一种提问是为了进行有效学习。前者常问“是什么”“为什么”，后者常问“如何”“你都考虑哪些方面”。

比如，女朋友说要跟你分手，你现在若还想给这段爱情加一个错误，那就去问“为什么”吧，这样你得到的八成是“结论”（最明显或最近期的单一理由）。虽然这“结论”也不能不算是正确答案，但除了痛苦和困惑，你一无所获。怎么做才不会白白受苦呢？除非你通过提问得到真正有意义的“解释”（较系统或较有逻辑的系列行为），这样才可能得到一些虽然未必能挽回这段感情但是可以从中学习的回答。较好的问题是：“我们怎么走到这一步的？”

善于学习的人在反思和追问时，会尽量用“如何”来取代“为什么”。例如：把“为什么客户说我的产品不实用”的问题，换为“客户是如何对我的产品形成不实用的印象的”；把“你为什么在外面找小三”的问题，换为“你是如何变得有家不愿回的”；把“为什么我找不到喜欢的工作”的问题，换为“我是如何规划自己的工作和能力的”……

善于学习的人还习惯在标准的层面向对方提问。不是问对方如何看待当下这件事，而是问对方面对这类事务时都考虑哪些因素；不是问“你为什么不喜欢我”，而是问“你的择偶标准是什么”；不是问“你不同意去九寨沟旅游，那你认为去哪儿好”，而是问“关于部门年终旅游的活动，你通常从哪些方面考虑”……

提出好的问题不仅是学习能力的重要表现，加以引导后还会极为有效地提升学习能力。就像表达是你的情绪反映一样，表达方式反之也会影响情绪。

学习促进者怎么回答提问

一种回答是能够给出正确答案，另一种回答是能够促进正确思考。前者就相当于上网搜索并一下找到信息，后者更像是跟一位真正的智者（而不是专家）交谈。

扼杀问题的最大凶手是什么？不是粗暴的打断，而是正确的答案。因为正确答案（如“水是液体”）往往是一些事实性知识，而最重要的学习能力对孩子而言是探索未知的兴趣，对成人而言是关联自己的能力。正确答案貌似满足了好奇心，实际上是把学习者探索未知的热情转化成了记忆事实性知识的苦差。

父母直接回答你的提问，小学老师要求你背诵公式和课文，中学老师要求你揣摩出题者的意图，到大学的时候你已经形成以知识为中心的思维模式，老觉得自己欠缺知识，而不是让知识为自己所用。

长期被提醒要注重正确答案的人，普遍患有一种病，叫作“知识消化不良症”。你没听说过？那“消化不良”总听过吧？消化不良的症状是，吃进去的东西都不消化，无法转化成营养，食物在身体内白走一趟，说起来是吃了，实际上跟没吃一样。因为消化不良，有些人老想吃，也因为消化不良，有些人说起吃的就恶心。“知识消化不良”的症状是，得到回答跟没得到一样，读了书跟没读一样，记了笔记跟没记一样，参加了培训跟没参加一样。想不到和自己的联系，加工不出自己的应用，解决不了自己的问题，转变不成自己的能力。

“知识消化不良”的患病率远高于“食物消化不良”。我们来做个小测试，看看你消化知识的能力怎么样。如果以下有符合你的情况，请在方框中打钩：

□ 我有想读的书但是没时间读。

□ 我曾经抱怨过“读不懂”或者“记不住”。

□ 我家里有想读的书，没读完。我为此感到内疚。

□ 我在微博或微信看到有用的知识会转发，通常是直接转发。然后就没有然后了……

如果你勾选了两个以上，那么很可能你的父母和老师让你从小就把注意力放在正确答案上，对不对？

如果食物消化不良，长期下去，身体会越来越虚弱，而知识消化不良，也就是学习能力不强，会产生什么影响？

我们都承认优秀的职场人应该是优秀的学习者，但若以此为前提，合理的推论是：优秀的管理者应该是优秀的学习促进者。

如果你是管理者，那么下属跟着你不仅是做一份工作，也不仅是掌握这份工作的技能，而是要提升自己的学习能力。而当下属来请教问题、征求建议的时候，马上给出你的想法（很可能是比他的好得多的想法）并不利于他提升学习能力。

管理者可以在4个方面提升下属的学习能力：

1. 把希望下属掌握的知识加工为具体案例。
2. 激活下属的经验，反思自我。
3. 促动下属去思考，即时演练。
4. 催促下属去应用，解决问题。

如果你为人父母，想知道孩子再问那些宝贵的问题时（当问题来的时候，你总是毫无准备），应该怎样回应才能帮助他提升学习能力，那你也需要准备一点儿学习促进者的技巧：

1. 可以先称赞他的提问："你这个问题问得很细致啊！"

2. 可以让他自己尝试回答："你认为是为什么呢？""对啊，为什么石头就不会流呢？"

3. 可以启发他自己寻找答案："这个问题爸爸也不是很清楚，不过我们可以一起把它搞清楚。我们去网上搜一下好吗？""爸爸有一位朋友是流体力学专家，我们一起给他打个电话好吗？"

4. 可以挑战自己的发散性思维，延续他的问题，问出更多、更好玩的或更深刻的问题："水变成冰还会不会流啊？""除了水还有什么会流啊？"

5. 可以和他讨论，在讨论中有意识地联系他过去的经验，帮他规划可以怎样用上这个新知识，逐步塑造他大脑中思考问题的方法，解决问题的思维模式。

突破初级学习者的认知习惯，锻炼成为高级学习者和学习促进者，这样我们的下属、孩子就会知道，比答案本身更重要的是不断思考和深化自己的提问，比知识本身更重要的是尽力消化和应用学到的知识。

做一个有价值的学习促进者

由于发生了一些事情，柴娜在非常认真地考虑要不要移民。柴娜知道这是一个重大的决定，所以要多方面考虑。她问了一些人。

父母和亲戚听到后坚决反对，什么都不懂的朋友随口说了句，能走赶紧走啊。

张三在澳大利亚生活多年，对移民有着丰富的经验，他以自己和身边的人为例，强烈建议柴娜赶快决定申请。

李四从加拿大独自回来了。老婆成了前妻，留在了加拿大，李四以自己和身边的人为例，强烈建议柴娜不要移民。

王五并没有在国外生活的经历，他也没有急着向柴娜建议。他问柴娜，如果要走，有哪些收益和风险，对事业怎么规划，伴侣对此的决心有多大，父母对此的态度是怎样的，等等。

赵六有丰富的经验和开放的心态，他思虑周到，会引导柴娜自己考量，并在她卡住的时候给出建议，偏颇的时候予以提醒……只可惜，柴娜并不真的认识赵六这样的人，因为有答案又善于提问的人太稀缺了。

如果你也感到苦闷，最希望找谁去答疑解惑？最好的选择是一个有答案、善提问的人，最差的选择是一个没有答案也不懂提问的人。前者可遇不可求，后者你不会去找。那么还有两种人，你倾向于找谁？一个是自以为有答案、不问你的想法的人；一个是没有答案但善于通过提问引发你思考的人。答案显而易见。

反之，如果有朋友找你聊自己的某些困惑，刚好在这件事上你有很多感触，那么你是会像张三、李四那样表达，还是会像王五那样提问？

人们怎样才能跳出以往的条条框框，开始崭新的生活？哪些事物能够帮助他们挖掘自己的无限潜能？能够帮助教练对象将理想变成现实的终极工具是什么？

> 提问！
>
> 提问常常能够引发人们深层次的、创造性的思考——它的力量不可低估。
>
> 教练机构是这样解释提问的重要性的：它通过提问引发思考而不是直接告知的方式，为我们开启了认识自己的那扇窗。问题能够逾越人们的心理防线，促使他们设计出能够迅速提升自己的方案。①

据说，大部分人只使用了大脑10%的能力。这个说法不知真假，不过有一点肯定是真的：大部分人只使用了办公软件 10% 的功能。

还有，大部分人只使用了提问 10% 的价值。

《成功教练 10 步骤》一书由 ASTD（美国培训与发展协会）推出，主题是近年来大热的“教练技术”（Coaching）。“教练”原本是体育行业的角色，但这一名词逐渐衍生为方法论，近年来越来越多地被用于企业学习。教练技术和引导技术（Facilitation）、行动学习（Action Learning）、拆书帮现场学习等成人学习方法论一起丰富了组织学习的实践类型。

教练，顾名思义，要在某项技能上达到较高水准，并能亲自指导学习者学习和应用该项技能。

① 引自《成功教练 10 步骤》，作者：索菲·奥伯斯特因。

培训师通常是所授主题的专家，具备精彩的表达能力，并能结合学习者的需求进行演绎。培训师在培训现场同时提供知识和配套学习方法。

拆书家通过致用类图书的关键知识拆页，结合一些通用技术帮助学习者将知识转化为自身的能力。学习者所学知识来自图书。拆书家不必是专家（因为图书作者是专家），只要做到3个环节；拆书家也不必表达得多么精彩，只要能帮助学习者拆为己用。

引导技术和行动学习则根本不需要专家或者知识提供者，因为其主要目的不是学习知识或技能，而是落实战略、解决问题、整合团队等。主导者的技能体现在能引领大家一起设计学习项目、深度会谈、诱发思考、反思经验、解决问题、持续实践。

教练、培训师、拆书家、主导者都算是学习促进者。

真正高效的学习促进者所创造的价值不可估量。不信的话去打听一下他们每小时的酬金。

这些角色之外的人也一样可以是学习促进者，也一样可以创造价值，照亮他人，并照亮自己：

> 管理者最好是学习促进者，下属跟着你可以更好、更快地掌握工作技能，然而不少管理者只知道给“正确答案”，然后抱怨下属成长得太慢。

父母最好是学习促进者，孩子可以从你这里得到人生经验、具备独立思考的能力，而大多数父母反复做经验之谈，孩子却听不进。

丈夫最好是学习促进者，妻子也一样，因为“夫妻之间不应该是相互磨合的关系，而应该是相互培训的关系”。

朋友最好是学习促进者，而不只是吃喝闲聊。其实每个人都清楚哪些朋友对自己成长的帮助最大，并对他们心怀感激。

职场人最好是学习促进者。你不仅做好了本职工作，还能帮助他人提升，那么你在一个组织中的价值和影响力会大大增加。

你最好是学习促进者，因为帮助他人学习，最大的受益者是你自己。“最好的学习方法是教会别人”，通过促进他人学习，你能够更深刻地掌握相关知识，并顺便提升当众表达的能力、即时回应的能力、辅导能力、归纳演绎能力、超越思路的能力等等。

作为一个学习促进者，如果你认为学习的核心是灌输知识，那么你一定会以表达为主（你可能会精心准备表达和演绎，学习者会听得如醉如痴，记上满满一本笔记）。但你若认为现场学习最宝贵之处在于学习者主动创造信息，那么你一定会以提问为主，而且现场的大部分时间会交给学习者，让他们在你提问后有充足的时间来创造信息和讨论表达。

有时在上课中途，我会问大家记笔记了没有。很多学员都点头，有的还拿起自己的笔记翻给我看。大部分人记的都是我的原话。我赞赏这样的学习态度，而后我会告诉他们："在成人学习中，最不值钱的就是你记的这些信息。这些都是知识，而你有无数的渠道得到这些知识。你主动创造的信息才是最有价值的。如果今明两天你最大的收获就是满满一本笔记，那就叫买椟还珠。"

什么是好的学习笔记？这取决于学习的目的。如果是为了考试，那么老师提供的信息就是最值得记的笔记。但如果是成人学习，那么有价值的笔记应该是自己主动创造的信息——这种信息才具备"高度的个人相关性"。

这并非易事。大部分学习者还是初级学习者，已经在多年的学校教育中固化了学习模式，认为学习就是简单的"被动阅读和听讲"。

正是因为这个现实，学习促进者才更有价值。因为学习促进者的价值就是帮助学习者投入心智，把知识与自己关联起来，在学习中主动创造信息。若学习者自己就能做到这些，那么就不需要学习促进者了。

第四章

便签学习法：培养全新的思维模式

已经有几十万职场人实践过的便签法，将帮助你用最简单的工具提升学习效果和学习能力。

使用便签法会暴露出你在学习中的一些深层次的问题。这些问题你从未意识到，但它们严重制约了你内化和应用知识的能力。比如，请你重述信息时，你却附会旧知；请你讲自己的经验时，你却泛泛而谈；请你规划应用时，你写下的却是决心或者感慨。

便签法具备一切好工具的特点。它上手轻松，但只有熟用才能精通。同时，使用工具的过程也是改变思维模式的过程。

要想教给人们一种新的思维方式，不要刻意去教，而应当给他们一种工具，让他们通过使用工具培养新的思维模式。

——彼得·圣吉，《第五项修炼（实践篇）》

很多人读书时会画重点，会做笔记，但大多是摘录原文。“记笔记是认真学习的表现”，这是小学老师给我们灌输的理念。“尽可能记录课本或老师的原话，越详尽越好”，这是中学老师（尤其是政治和历史老师）强调的，因为用原话在考卷上作答能得高分。

离开学校之后，很多人才在网上看到各种笔记法：康奈尔笔记法、思维导图笔记法……到这时他们才知道，摘抄原文不是记笔记的唯一方法。其实记笔记的方法本身并不重要，重要的是对应的学习思路。记笔记的方法是学习思路的外在表现，在记笔记的过程中又不断强化对应的学习能力。

查尔斯·汉迪、史蒂芬·柯维都是世界名人，也许正因为如此，才会让你产生距离感。你不禁自我怀疑：我也能成为高级学习者，甚至成为学习促进者吗？

对于这个问题，拆书帮的答案是非常肯定的。接下来我们要介绍的拆书帮便签学习法（简称便签法），就是通过简单的方式，让我们的学习思路从以知识为导向变成以自我为导向，学员从初级学习者升级为高级学习者。便签法非常简单，而且很快就能上手，学一遍不超过 5 分钟，几遍下来，你能明显感觉到自己学习能力的提升。

2009 年，我在阿里巴巴内部书店做拆书帮现场活动，每周 1 次。很多员工参加完都感触颇多。书店的收银台放着几本便签，他们就写下便签并将其贴到墙上。“太好了！”“非常精彩！希望多举办这样的活动！”“收获特别大！”“赵老师很帅！”不到一个月，贴了满满一墙。我看着满墙的便签，心里感慨万千——这也太浪费纸了。

下一次活动，我就建议大家在便签上写点儿对自己有用的东西。什么是有用的东西呢？具体的行动或者让你觉得有收获的具体的观点。

之后几年，我在多家企业做了上百场拆书活动，结合成人教育学、学习心理学等研究理论，我把对学习最有价值的、最有效的方法总结为 3 个方向，对应 3 张便签，形成了拆书帮如今的便签学习法。

这一章我们先介绍便签法的基本应用，也就是在读致用类图书时，我们如何使用便签法内化与应用知识。第五章再介绍便签法的进阶用法。

明确目标：提升学习力

便签法的目标是用最简单的工具和方法提高职场人的学习效果和学习能力。在阅读致用类图书时使用便签法，有以下几个方面的好处：

1. 缓解书太厚读不完给自己带来的压力。
2. 帮你集中注意力，在阅读中反复体验和反思。
3. 聚焦于对书中知识的内化和应用，而不是知识本身。
4. 保持兴趣、效果外显化。
5. 方便事后整理。
6. 能更有效地处理书中晦涩难懂或重要的地方。

7. 不断提升自己把知识转化为能力的能力。

拆解原则：反求诸己

第一，成人学习的第一公理是“自我导向”，这意味着在学习相关的一切事情上都应“反求诸己”。从自己身上找原因，从自己身上找方法，在自己身上加要求。

第二，在任何一个领域、任何一本书中都有很多你能学习的知识。同时，也有很多是你不需要学习的。考虑清楚，这次阅读是你对书负责，还是让书对你负责。

第三，方法得当的话，阅读和学习是投资回报率最高的活动——只要你能在工作或生活中用上一点儿，给你创造的价值已经远远超过成本。

第四，采用简单易用、不引人注意的工具，比如便签、笔。降低便签法使用的复杂程度，你就可以把精力集中在阅读和思考上，而不是费尽心思地掌握便签法。很多教人阅读的方法都听起来很美，但用起来未必有效，因为方法本身太复杂，要求太高，让人望而却步。

随处可见的辅助工具

使用便签法所需要的工具有以下几种：

1. 3 种不同颜色的可以反复粘贴的便签纸，掌心大小为佳。

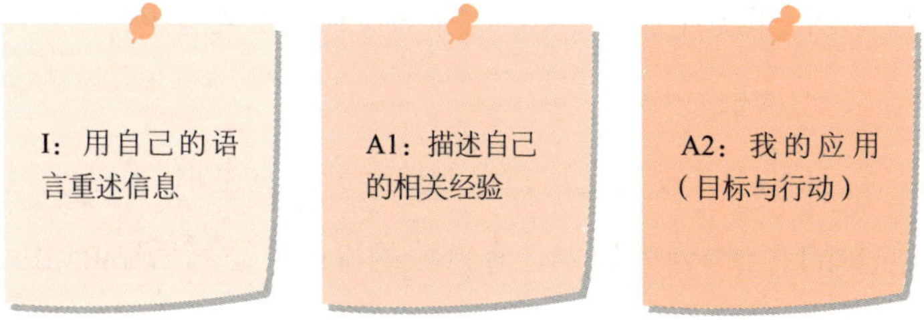

3 种不同颜色的便签，分别用来做 3 类笔记（I、A1、A2）：

第 1 类拆解（I）：用自己的语言重述信息。

第 2 类拆解（A1）：描述自己的相关经验。

第 3 类拆解（A2）：我的应用（目标与行动）。

2. 一组多色指示标签。

3. 一支笔。

“拆书”七步曲

第一步，确定你要读的是致用类的图书，这是拆书法的适用边界。确定你读这本书的目的是为了提升自己某方面的能力，解决具体的问题，并能在实际工作和生活中用上。

第二步，要求自己用较快的速度阅读，遇到书中的理论、建议、观点或者较难理解的地方时，先问自己一个问题：这对我有多重要？如果这些只是在原书的知识体系中很重要，而对我现在并不重要，那就省下一张便签。如果对我重要或有用，则放慢阅读速度，细读相关内容。

第三步，在I便签上用自己的语言简要重述相关信息，也可以是总结自己得到的启发、有价值的提醒。写好后贴在相应的书页。

第四步，针对书中的某个信息，问问自己有没有相关的经历，是否听说或者见到过类似的事情，写在一张A1便签上，贴到I便签旁边。

第五步，规划今后如何应用。尽量先考虑应用的目标，再写下达到目标应实施的行动。写在一张A2便签上，也贴在书页上。

第六步，在贴了便签的书页旁，贴一张指示标签。提醒自己这一页有自己的学习资料。

第七步，看完一本书后，把所有的A2便签拿出来贴在冰箱或墙上，提醒自己落实行动。

便签使用贴士

第一点，若原书内容简明易懂，则可以不用I便签，只需在重点内容下面加下划线或在侧面加边划线就可以。

第二点，想好再写，要有的放矢，而不是笔底生花，内容请尽量控制在一张便签之内。有时I便签和A1便签上的文字会较多，那么可以再加一张便签。为了避免感慨内容泛滥，A2便签尽可能清晰、精练。如果你想到3个应用点或行动计划（每个行动都要对应一个目标），那么就写3张A2便签吧。

第三点，指示标签的作用相当于升级版书签，用于提醒自己哪几页贴过便签。尤其是你拿出A2便签之后，可能过一段时间又希望把贴在墙上的A2便签再放回书里。鼓励你尝试一套适合自己的标签使用规则，比如黄色指示标签表示这一页便签对我非常有价值，绿色指示标签表示要尽快行动，橙色指示标签意味着需要再次加工便签……

切勿陷入误区

跳过科学直奔建议是没用的，了解了每个策略背后的原因才有助于实施。

——凯利·麦格尼格尔，《自控力：和压力做朋友》

本节的内容是拆书帮小伙伴们几十万组便签实践经验的结晶。3张便签的写作标准分别对应重述知识的标准、内化知识的标准和应用知识的标准，这些并非硬性要求的指标，而是仅供参考的优秀经验。也就是说，我们不必要求每张便签都完美地符合与之相对应的4条标准。

建议你先按本章前面的操作指南，认真写出10组便签，再对照下面的经验之谈加以改进。

I：重述知识的标准

1. 诠释：基本用自己的语言，不直接引用原文语句。

2. 准确：对原文相关知识点解读准确。

3. 清晰：逻辑清晰，文字精练。

4. 致用：将原文知识点总结或加工成具体的操作方法或建议步骤。

I 便签常见误区：附会旧知

有些人刚翻完一本书，便急忙到豆瓣发评论：“这本书说的

一、二、三、四点，其实没什么新意，不就是些老生常谈嘛。”这让我想起，某一年我带家中老人去吃比萨，比萨被端上台时，老人家瞪大眼睛：“这不就是大饼盖肉吗？”我一时竟无言以对。

无论阅读一本新书还是品尝一种新食物，这种“不就是××嘛”的反应，本质上是同一种思维模式：用“旧知”去附会“新知”，于是就以为自己看透了、读懂了。为什么这么多人习惯“附会式学习”？一方面，人们在遇到陌生事物时会感到不适（心理学称之为“失调”），这时若把陌生事物强行理解为已知事物，能够快速消除这种不适。为此人们宁可忽视其间的区别；另一方面，从小学就开始接收的“归纳中心思想”的训练强化了人们附会的习惯。所以，越是受教育程度高、自认为聪明和博学的人，越容易止步于附会。

附会的思维模式会很明显地表现在I便签上，只需要对着你写下的I便签问问自己：若是没读那段原文的话，I便签写下的这些我知不知道？如果答案是“我早就知道”，那你很可能就是在用旧知附会新知了。

有人争辩说：原文讲的就是这个，我总不能无中生有。也许确实如此，但仍然有两个问题：第一，你为什么挑这么一段全无新意的原文去贴便签？第二，你从原文的表达方式、案例呈现、援引资料、论证思路中……真的不能找到任何新的提醒、新的要素、新的论证等可以打动你的信息吗？

你到西安旅行，当地朋友特意领你去吃“最地道的”羊肉泡馍，很内行地跟你说这家的味道如何独特。你吃着，觉得确实味道不错，但可能也没觉得它和之前在火车站吃的那碗有太大区别。两个事物到底是大同小异还是天壤之别，首先取决于人们对该类事物的熟悉程度，其次跟人们的学习能力有关：人们对细微区别的敏锐度体现了学习能力的强弱。

玩古董的都知道，外行也能说出赝品和真品的相同点，但只有专家才能鉴定出样本和标准器之间的区别。对我们来说，能发现比萨和大饼盖肉的相同点并不需要学习能力。若能辨析二者的区别，才是学习能力的体现：“比萨跟大饼盖肉的原料有哪些不同？做法各有什么特色？什么样的应该叫比萨，什么样的应该叫大饼盖肉？为什么大饼盖肉卖 10 元，而比萨卖 30 元？是什么让比萨卖到了全球，而大饼盖肉只存在于中国北方地区？”

这些问题都是在界定边界，也就是两者之间的区别到底在哪里。学习能力越强的人，越能辨析多个维度上的区别。所以，具备内化和应用知识能力的一个表现就是能够把附会的本能反应升级为界定新知和旧知的理性反应，从而能更深入、敏锐、清晰地理解新知，同时还能加深对旧知的认识（见表 4–1）。

表 4–1　不太好的 I 便签和不错的 I 便签

不太好的 I 便签	不错的 I 便签
这段阐明了失败是成功之母的道理。人生中会遇到很多挫折，人只要不被失败打垮，不向命运低头，最后一定能迎来成功！	在这一段里，作者分析了乔布斯人生中的两次失败。其中第二次乔布斯在市场中遇到的挫折给了他真正的学习感悟。所以，要从失败中学习，必须充分尝试和运用反馈

A1：内化知识的标准

1. 鲜活：是自己亲身经历的，亲眼所见、亲耳所闻的认知。

2. 故事：相关叙事要素基本完整，能够清晰地体现出起因和结果。

3. 对应：和原文或 I 便签的 4 个要素对应，使之成为贴切的案例。

4. 反思：无论想到的是成功还是失败的经验，都能帮助自己更深入地理解这个经验，也加深了对原文信息的认知。

A1 便签常见误区：泛泛而谈

A1 便签上最好写“总是”“经常”“好多”，而不是“有一次，怎样……”。很多人都擅长泛泛而谈，却不能激活具体经验。凡是没有具体时间、事件的，都算泛泛而谈，本质上应该算 I，是论述，而非叙事；是认知，而非经验。

有人争辩说，我既能泛泛而谈，又能举出一个实例来。那不妨试试看。通常我们会发现，从模模糊糊的想法，到真正找到并讲出一个贴切的具体事件之间还是有一定距离的。就像你有一台用了 20 年的电脑，里面存储了数百万个文件，从你想起“我的硬盘里有相关资料”，到最终你找到散落在 E 盘中的那几个文件，至少需要十几分钟的时间。

这“十几分钟”不可忽略，重要的学习过程就在其中。在寻找具体经验的时候，你的大脑不断加工着相关信息，将信息的各个要素（以及各要素间的因果关系）和大脑中的无数事件进行比较并尝试匹配。找到最贴切的那个经验后，还要用最符合原文信息（或 I 便签中所写信息）的方式将之讲述出来……写出这样的 A1 后，你不仅对知识有了更深的理解，而且对自己的经验也有了更深的理解，让知识和自己真正建立了联系。

我曾听一些大师的演讲，也曾和一些优秀的管理者交流，发现他们回答听众问题时有共同的“套路”，就是听完问题之后不直接解答（“你应该怎样”或“这个问题其实是怎样”），而是在略一沉思后先讲一个故事（如，“我想起在 1995 年，我和老板一起在广州出差……”），故事讲完，大家已经若有所悟，这时他才开始正式解答，给出思路或具体建议。

这是一种很厉害的理性说服能力。听到提问后，“略一沉思”

的几秒内，他一定是先想到了“答案”，也就是问题的本质、解决的方向、具体的建议。但他不直接回答，而是马上找出一个最贴切的经验，将之加工为贴切的故事。他先讲述这个经验，同时对应之后将揭晓的“答案”去挑选细节、铺排因果，甚至还用一点儿笑料点缀，添加几句设问……这样一来，后来的建议就水到渠成地让提问者和所有听众心服口服。这种过程综合了归纳、演绎、组织、表达等多种能力。

平时通过 A1 便签加以练习，并及时向别人讲述或教授，是锻炼这种理性说服能力的有效途径（见表 4–2）。

表 4–2 不太好的 A1 便签和不错的 A1 便签

不太好的 A1 便签	不错的 A1 便签
我在刚参加工作时也犯过好多以己度人的错误。人总是这样，自己认为好的东西就觉得别人也喜欢	上个月去见苏州的合作伙伴，我努力跟他们强调新项目的好处，但并没什么用，他们只说考虑考虑。现在想来，问题就在于“以己度人”，我讲了太多我认为好的地方，没有想过他们最在乎什么、最担心什么

A2：应用知识的标准

1. 目标：是否规划了目标？目标是否符合 SMART 法则[①]？

① SMART 法则是指制定目标时应该遵循的 5 个原则，包括 S（specific，明确的），M（measurable，可衡量的），A（attainable，可实现的），R（result-based，结果导向的）和 T（time-based，明确的截止期限）。

2. 行动：行动是否可以拉近现状与目标的距离？具体行动步骤如何？行动人是谁？在哪里？行动何时开始？频率如何？

3. 关联：是否使用了原文信息或 I 便签的方法。

4. 可控：都是自己能做到或能推动他人做到的吗？可以量化做的程度吗？行动显性化吗？

A2 便签常见误区：决心泛滥或感慨万千

我们的父辈是听着“人定胜天”“一定会实现”的口号长大的，对他们来说，决心（加上坚定的眼神）本身是一种生存策略。我们的老师要求学生读书要写“读后感”，对他们来说，读后有没有行动并不重要，感慨（得强调真情实感）本身就能换取考试分数。所以，我们习惯表决心或发感慨，多过真实的应用和行动。

决心下多了，会导致“决心贬值”——非常像“通货膨胀”。说“我要”没用了，下次得说“我一定要”，再下次只能说“我无论如何必须要”。只有这样，自己才会重视，别人才会相信。

感慨发多了，会把自己活成“智者”，整个人都鸡汤化，特别擅长评论，擅长抒情，擅长升华，擅长泪流满面，擅长批评与自我批评……惯于表决心的人多多少少都知道自己很可能做不到；擅长发感慨的人往往把感动当成行动，还误以为自己的领悟力很强。

怎样辨析写在 A2 上的文字是发表感慨，还是规划应用呢？就用上面的 4 个标准来衡量——目标、行动、关联和可控。若不符合这些标准，赶快撕掉，重新写一张 A2 便签。

在写 A2 便签前，应该先定目标。实现目标是对行动的最佳奖赏。如果根本没有目标，那就谈不上实现了（见表 4–3）。至于什么样的目标才是好目标，可以参考 SMART 法则。

表 4–3 不太好的 A2 便签和不错的 A2 便签

不太好的 A2 便签	不错的 A2 便签
我要利用好碎片时间，每天提前半小时到办公室，这样就有非常稳定且不受打扰的时间。我可以听一些线上课程或写日记。积少成多，一年下来我就能做很多事！	目标：记一个月的晨间日记 行动：每天 10 点半睡觉，6 点半起床，这样可以提早半小时到办公室。用“印象笔记”来记日记，主要记这几项：自己前一天感恩的事、有成就感的事、人际关系和近期的重要事项。为了让自己能坚持，在办公桌上贴一个打卡表

其次是规划行动。必须读完原文之后再规划行动，而不是摘抄原书建议。原书给的建议再具体，也不能算作自己的 A2（见表 4–4）。

表 4–4 根据原书整理的 A2 便签

原书中细致的建议和步骤	我的 A2
酸豆角炒肉末的做法： 1. 酸豆角洗净切碎。备好肉末，小辣椒切圈，花椒和葱姜蒜切末 2. 锅中烧油，先炒辣椒、花椒，然后炒葱姜蒜，再下肉末炒，来点儿料酒烹出香味 3. 肉末炒熟后，将酸豆角下锅翻炒	目标：让老婆同意我换新手机 行动：老婆说挺喜欢上次在饭店吃的酸豆角炒肉末！今天准时下班，去菜市场买酸豆角和烙饼，家里还有肉末，让老婆回家就能吃上。顺便买一束花

写好后，要认真检查行动计划的可控性，可以用“冰箱检测法”验证。想象你把这张 A2 便签贴在了冰箱上，一个月之后，你能把它撕下来吗？如果你不清楚那时是否完成了便签上的计划，就说明这项规划不可衡量，或不够显性化。

熟悉优秀的 A2 标准，才能提高对“决心”或“感慨”的辨识力，敏锐判断哪些话虽然漂亮但很可能无法落地。总是把知识化成斗志，难免让人在挫败或空谈中黯然神伤。真正把知识拆为己用，才可能让人从一个成功走向另一个成功。

便签法的微信训练法

据很多初学便签法的小伙伴反馈，虽然便签法工具简单易得、方法容易理解，但要真正用到位并不容易。这很正常，因为好的工具背后一定有深厚的理念支持，而且用好工具和提升能力是相辅相成的，要给自己一段时间去熟悉和练习。

在拆书帮几十万组便签实践中，我们深知让大家自己写便签的难度。所以，这里提供一个有效、有趣的训练法，叫作“便签法的微信训练法”。

这种方法的有趣之处在于，我们泛化了对练习场合和学习内容的要求，同时进一步简化了对工具的要求：你不用准备一本致用类图书，也不用准备 3 张便签，甚至不用刻意为锻炼便签法技能规划时间，只要在你每天本来在做的事情上稍加要求，就会很有效。

在接下来的 1 个月内，严格要求自己不能在朋友圈里直接转发任何内容。当你在微信订阅号、朋友圈或某个群看到一篇不错的文章想要转发时，让自己停下来，问问自己：我能加上自己的重述再转发吗？重述的时候能体现一下前因后果或适用边界吗？我能补充点儿自己的相关经验吗？我能加上一个自己的应用或行动吗？只要能想到或加上一点儿自己的东西，那你就得到了锻炼。如果对着手机想 5 分钟还是想不到呢？实在想不出来就放弃转发吧，这篇文章跟你的关系没那么大。同时，那 5 分钟也没有浪费，在这期间你的大脑得到了高效练习，对应 I、A1、A2 的思维肌肉也得到了强化训练。

一位来自 500 强企业大学的校长跟我聊到，他在招聘时特别头疼的是如何辨别应聘者的学习能力。如你所知，这些企业大学（无论是腾讯大学还是联想学院）通常招聘人数不多，也就十几个人。但对人的要求很高，尤其是学习能力。每个应聘者都会说自己很擅长学习，但怎么快速辨别这一点？对此他很头疼，我说我有法子。随后给他讲了微信训练法，他心领神会。两个月之后，他给我发了一个大红包，说我帮他解决了大问题。

他是怎么做的呢？首先，面试时跟应聘者聊一会儿，说咱们先加个微信吧。加为好友后他借口要上个厕所，到门外后便打开这位应聘者的微信朋友圈，看应聘者平时都发表了些什么内容。微信朋友圈能透露很多信息。这位企业大学校长说，他发现，从朋友圈内容来分，有三类人：

第一类人，没有发过朋友圈信息，或者好久没有发。这一类人，严格来说，看不出来他的学习能力怎么样。但是，可以谨慎地怀疑，他不太在乎自己的影响力。要知道，适合做老师、销售和管理的人有一种天生的特质，就是自己认可的好东西会主动传播，努力说服别人也试试。这样的人通常对周围人的影响力较大。

第二类人，经常发一些家长里短，晒娃、晒书、晒美食、晒旅游的照片。从这些信息中能够判断出他有没有“客户意识”。比如，同样是晒娃，有些人一天晒 3 次，每次都用九宫格（九张图），他觉得自己的娃太可爱了，每张图都不同，但其他人却觉得那些图根本没区别。这就是没有客户意识，自我表达欲过剩。另一些人晒得就有趣味，别人爱看，并发自内心地点赞，而不是碍于面子。这些人在表达时是考虑到受众的。这是优秀职场人很重要的思维习惯。

第三类人，朋友圈有一长排转发，而且都是直接转发，什么都不加。这说明什么呢？对他来说，被打动很容易，但要输出一些东西很难。

校长跟我说，不发朋友圈或者只发家长里短的人是少数，第三类人最多。那两个月他面试了近百人，只有两个人经常会在朋友圈发表一点儿自己的思考、经验和应用。那两个人他都录用了，而且主动给了不错的薪水。看来，学习能力真的是一项既重要又稀缺的能力。

你可能会遇到的问题

成千上万的学习爱好者已经在实践便签法并从中受益。不少人问过我关于如何使用的问题，也许下文列举的一些内容正是你的困惑。

★成功的经验可以作为 A1 的内容吗

【问】A1 是否必须是失败案例，以便在 A2 中规划如何做得更好？

【答】A1 并非必须是失败案例。你看到一个信息，想起某次自己做得不好，原来是因为没有做到这些，这是很好的激活经验。你想起自己从前做得不错的某件事，现在终于明白了是哪些原因促使你做得不错，这也是很好的反思经验，这样下次你便能刻意地复制和移植成功。

A2 是规划具体的行动，解决具体的问题。这个可以和 A1 完全没关系，也可以正好是 A1 提到的问题。总之，A2 的目的是能真正落实应用，帮自己解决问题，将其变成自己的行动。

★以知识为中心的学习怎么借鉴便签法

【问】有些学习就是要以知识为中心，那可以用便签法吗？

【答】便签法背后的理念是成人教育学，是强调自我导向的学习。同时，用便签法锻炼出的学习能力可以促进以知识为中心的学习。正如练习俯卧撑一样，如果你能一次做 100 个俯卧撑，你就会发现引体向上也能做更多了。

冯友兰先生这样论述过读书（当然他说的不是致用类阅读，但道理相通）：

> 自己明白了那些客观的道理，自己有了意，把前人的意作为参考，这就是“六经注我”。不明白那些客观的道理，甚而至于没有得古人所有的意，而只在语言文字上推敲，那就是“我注六经”。只有达到“六经注我”的程度，才能真正地“我注六经”。

以自己为中心是“六经注我”，以知识为中心是“我注六经”。若能熟练应用3张便签，就可以更好地进行以知识为中心的系统学习。于是，体验与反思不断往复，六经注我与我注六经不断循环，这才是融会贯通的学习境界。

★遇到“鸡汤”怎么办

【问】我发现现在很多书挺鸡汤的，网络上也有好多鸡汤文，这些也能用便签法变废为宝吗？

【答】最近看到肖知兴教授的一篇文章，剖析鸡汤文章的本质，很深刻，其中一段是这样写的：

> 鸡汤貌似讲道理，其实是在人的情绪激发、欲望挑逗上下功夫，本质上是一种下半身的打法，没有什么含金量。鸡汤式学习往往忽视主要问题和主要矛盾，把公共层面的制度问题、行业层面的战略问题、企业层面的管理问题全部还原为创业者个人努力和个人奋斗的问题。①

那么，你有判断一篇文章是不是鸡汤的标准吗？若没有标准，那很可能就以自己的喜好来判断：你觉得无聊就是鸡汤，你觉得对的（即和你原有观点一致的）就不是鸡汤。其实，用便签法来

① 转自微信公众号“领教工坊”（ID：ClecChina），作者肖知兴。经授权引用。

鉴别鸡汤非常好用：当你被一篇文章打动时，要求自己 I 一下。如果你发现无论怎么重述，写出的都是众所周知的信息，比如“成功者都是从失败中爬出来的”“永远不抛弃、不放弃”。那这篇文章很可能就是一篇包装出来的鸡汤文，味道鲜美但言之无物。

你也可以学一下鸡汤文的表述方式。尤其是一些流行网文，内容全无新意，但包装（表述方式）足够动人，能让读者愿意转发。也许可以参考它的表述方式来写一组 I/A1/A2？

★附会和类比

【问】当您提到写 I 便签时要警惕“附会旧知”，请问附会和类比的区别是什么？比如，我以前不知道咨询顾问是做什么的，有人告诉我咨询顾问就是企业的医生，这是附会还是类比？

【答】表现类似，但动机不同。附会是为了让自己快点儿摆脱“失调”，自己误以为很快理解了陌生事物：“哦！原来咨询顾问就是企业的医生呀，我明白了。”

类比则是为了更好地理解（或者帮人理解）陌生事物：“医生帮人诊断，顾问也要帮企业诊断；医生有专业知识，顾问也有相应的专业知识；医生不必自己生过病才能开药，顾问也不必自己有行业工作经验才能给建议。”所以，附会阻碍了学习，而类比会促进学习。

但要小心，类比是有风险的，也就是说，两类事物毕竟不同。比如，你若完全把咨询顾问当成医生去理解，就又沦为附会了。为了避免陷入这样的误区，可以要求自己多用一个类比来帮助理解。就像《圣经》用不同的类比来处理最难以理解的概念："神是生命的粮，是世界的光，是好牧人，是道路，是真理，是生命……"；你也可以多找几个类比："咨询顾问是医生，是老师，是工程师，有时候还是律师……"。

★关于适用边界

【问】在I中可以针对两个相似的知识点去考量适用边界，而两个相反的知识点也可以加工适用边界吗？

【答】完全可以，而且会极大地锻炼学习能力和批判性思维。比如"出淤泥而不染"与"近朱者赤，近墨者黑"这两句话看似矛盾，但辨析其各自的适用边界后就会发现它们并非矛盾，而是适用范围不同：前者强调主观能动性，后者强调客观环境的力量。如果客观环境无法改变，可用前者自勉；如果客观环境可以改变，可用后者自省。于是，对这两句话适用边界的界定就在于客观环境可否改变。如果不清楚这一点，那么这两句话本身就谈不上知识，更谈不上智慧，不过是多数人用来自欺的话而已。

试着自己加工一下"书到用时方恨少"与"百无一用是书生"

的适用边界。

★真正的改变还是很难

【问】用了便签法，联系了经验，也落实到应用，但过一段时间又忘记了这项技能，自己的行为模式和思维模式照旧，怎么办？

【答】首先，对自己宽容一点儿，成长原本就是很难的，而且养成新习惯都有波动期。你已经很不错了！

其次，反思目标定得是否合理，具体行动是否可以优化。

再次，可以找同伴监督打卡，或者参加拆书帮公众号中的“主题拆书营”等活动。

同时，A2 有个小诀窍，也就是说，并非强迫自己不能做什么（比如晚上睡觉前不刷手机），而是建立一个新的习惯去代替它（比如晚上睡觉前看书半小时，或冥想 20 分钟）。

最后，自己做不到就去教别人——这不是开玩笑，我们发现教时间管理的达人通常在时间管理方面都有很大问题，而且至今仍然有问题。但久病可以成医，自己遇到的问题越多，越能对时间管理研究通透。在教别人的过程中，自己也在不断成长。

★企业读书会如何从中借鉴

【问】企业读书会可以从拆书帮便签学习法中借鉴什么？

【答】拆书法对企业读书会的第一个启发是，要区分读书类型。不是说企业读书会不该读非致用类图书，而是组织者要清楚不同的书应该有不同的读法，不同的学习目的应该辅以不同的学习方式。

同时，小心“自嗨”式读书会，诸如“我们领导很重视”“我们读了好多书”“我们来了很多人”“我们聊到很晚”“我们都觉得特别好”。我的一个观察是：很多企业读书会慢慢办不下去了，因为看起来很热闹，实则空有感慨或决心。若是学校或兴趣社群里的读书会，这种问题还不算严重。但企业本质上讲究投入产出，哪怕从领导到员工一致认可读书是好事，但若不能真正改变行为、无法衡量产出，只是“自嗨”的读书会必然会日渐边缘化。所以，读书会也应该有产出，而最好的产出是将学习者现场加工出的案例或应用整理成册。

企业若使用拆书帮，可以助力自己的读书会，还可以训练自己的拆书家，比如在广东移动、南方基地、顺丰大学等组织内训师学习拆书技能。另外，拆书帮可以配合企业实施周期性学习项目，如新任经理培训项目、新员工培训项目等。

★不读完找不到阅读拆页

【问】拆书帮说“不必读完全书，能用上一点儿就值百倍书价”，但不读完怎能找到对我最有用的地方并贴上便签？

【答】我也没说过一定不能读完呀！

女孩子不需要阅遍男人才能找到结婚对象。我们看书也是这样，只要改变学习的理念，翻书的时候一定可以很快判断哪一章可以跳过，哪几页不必细读……对于致用类图书，如果每一页都认真读，就像是新手开车上高速，全程都是神经紧绷，那一定会很累，效果还不见得好。老司机的状态就不是这样，他们很放松，同时眼神又不会错过任何潜在风险，而且凭本能就可以知道哪里需要高度集中注意力。

所以，找一个你现在最想解决的问题，拿几本致用类图书练一练，很快你也能成为老司机。

★便签法的适用边界

【问】我觉得使用便签法有个问题，就是默认书中的知识是确凿无误的。但实际上，一些书可能没有那么让人放心，那用便签法岂不是问道于盲吗？

【答】你是对的。对知识进行内化和应用的前提是挑一本好书。知识本身正确，学习者对知识的理解准确，然后才能放心地实施 A1 和 A2 步骤。所以，具备两个能力就很重要：一、能挑一本好书，二、能对信息进行分析和整理。本书后续章节会在这两方面给出具体建议。

★便签法解决成人学习中的常见问题

【问】用便签法就能解决没时间、没精力读书的问题和看不懂、记不住的问题吗？

【答】当你能够熟练地使用便签法进行阅读的时候，你就成长为一个高级学习者了。之前说的成人学习的问题不是用来解决的，而是要被超越的。

超越“没时间、没精力”。这样再也没有读书的焦虑、愧疚和压力，只有学以致用和能力提升的乐趣。

超越“看不懂”。关键是弄懂这些知识对我有多重要；超越“记不住”，内化比记住重要得多。冯友兰先生也说过，读书不妨过河拆桥式地“得意忘言”。

超越“看不下去”。把书当医生，把对自己有价值的知识转化为自己的能力。

第五章

打造学习力的三个维度

绝大多数寻求高效读书方法的人，其实都是花在手机上的时间远比花在书上的时间多。

从另一个角度来说，并不是每个成功的人都善于看书，但他们一定都擅长从经验中学习。

那么，移动阅读时代最重要的学习能力是什么？

在这一章，我们把学习能力从一维（内化与应用知识）拓展到三维（还包括怎么在移动阅读中有效学习，怎么通过经验学习）。而便签法的进阶应用，可以从每个维度助力学习能力的升级。

学习力是元能力

在一次讲座中，有人问我："如何看待理财能力是最重要的三项能力之一？"提问者解释说，在《即战力：如何成为世界通用的人才》（以下简称《即战力》）一书中，大前研一提出，青年职场人最重要的三项能力（"三大神器"）是外语能力、理财能力和解决问题的能力。

我发现很多人爱问"如何看待……""如何评价……"的问题。如果你上知乎，会发现这样的提问比比皆是。这说明提问者缺乏处理信息的能力，因为答案本身就是信息，你却希望他人帮你加工和解释这个信息。

后来，我查看了豆瓣《即战力》的页面，看到相当多的读者对大前研一强调的“三大神器”都认真做了笔记，并提醒自己要重视这些能力，但在评论中几乎看不到有人在思考和追问：为什么这三项能力最重要？对此有相反或相关的观点吗？

大前研一是日本著名的商业思想家，他的《即战力》是写给21世纪初日本的青年职场人的。书的目标读者其实提示了书中建议的适用条件：经济高度发达但增长几乎停滞，持续多年的通货紧缩，职场人跳槽率很低，大部分人会在一家公司工作到退休，收入主要随年资增长……也只有在这样的适用范围内，才能说理财能力是职场人最重要的能力之一！

这些前提条件显然不符合中国职场的现状。中国职场的现状是通货膨胀严重，各理财渠道的水都极深——所谓“存钱穷三代，炒股毁一生”。这意味着，在中国提升理财能力需要花费更多的学习成本和精力投入，获取的收益也会更不稳定。

2005 年，小 A 大学毕业，第一份工作的薪水只有 3 000 多元。2006 年他进入股市，股市一路飘红，仅一年多，收益就超过 200%。但因为本金不多，所以账面增加的钱也没多少。2007 年 10 月，股市走低。小 A 的心思每天随着 K 线（股价走势图）阴晴不定。之前赚的都赔进去后，小 A 痛定思痛，开始深入学习股票知识，同步研究其他理财渠道。毕业10年后，小A在同学会上遇到当年同寝室的小B。小B这些年换了三份工作，现在在一家势头很好的中型企业做人力资源总监，年薪四五十万元。现在有猎头公司在找他，邀约他加盟一家即将上市的民企，如果顺利，跳槽后收入可能再增加50%。小B希望小A能给他一些理财建议。小A欲言又止，似乎明白了些什么……

基于中国的现状，对资产不多的职场青年人来说，最优的投资标的是自己的职场能力。在高速变化的当代中国，在所有具备可控性的要素中，只有职场能力可以实现指数级增长，并最终帮助个人升值。

职场人需要具体的能力林林总总且各不相同，有些能力是特定的专业技能，比如编程、绘图、做账；有些能力是可转换技能[①]，比如合作能力、汇报能力、销售能力、写作能力。对能力提升缺乏规划的职场人，最在乎那些可以解决自己痛点的能力，比如幻灯片制作、时间管理、美化简历或应对面试的能力，但这种“脚疼医脚”的学习通常不能帮助你获得能力的提升，只是些皮毛或花招儿罢了。人们还容易关注外显性较强的能力，比如演讲能

① 可转换技能（Transferable Skills）是指可以在不同场合持续运用的技能。

力、英语能力、创新能力，但外显的能力通常需要其他能力来支撑，否则就像一盘色香但味同嚼蜡的菜肴。真正决定一个人能走多远的其实是相对内蕴的、起到支撑作用的能力。

无论能力的谱系多么复杂，有一项能力是最特殊的，那就是学习能力。因为学习能力是元能力——关于能力的能力。

测一测你的学习能力

下面的小评估能帮你了解自己在学习能力诸要素方面的现状。为了考量你是否有所进步，你可以在读过本书并实际应用过便签法后重新进行一次自我评估。

仔细阅读表 5–1 中的每句话，根据自己的实际情况打分（“1”表示很不符合，“6”表示非常符合）。

表 5–1　学习能力评分

追问与反思经验						
1. 遇到问题时，我总是澄清背后的假设、前提或标准，挖掘出真正需要解决的问题	1	2	3	4	5	6
2. 我擅长从经验或案例中归纳出知识	1	2	3	4	5	6
3. 朋友们有问题会咨询我，因为他们认可我的洞察力	1	2	3	4	5	6
分析与整理信息						
4. 我总是追问信息的前因后果	1	2	3	4	5	6

（续表）

分析与整理信息						
5. 我转发到朋友圈的文章都会加上自己的评论，而不是直接转发	1	2	3	4	5	6
6. 我看到有兴趣的新知，会刻意搜索与之相关的更多文章，来延伸和对比阅读	1	2	3	4	5	6
内化与应用知识						
7. 我会追问新知与旧知的区别	1	2	3	4	5	6
8. 我很快找出对我有用的知识，并真正应用	1	2	3	4	5	6
9. 我把有价值的信息口头讲给别人，或教给别人	1	2	3	4	5	6
成长思维						
10. 我相信一切问题的解决方案不在环境、不在他人，而在自己身上	1	2	3	4	5	6
11. 我寻求和利用反馈，善于从错误中学习	1	2	3	4	5	6
12. 帮助他人改变和成长对我而言是极大的快乐	1	2	3	4	5	6
批判思维						
13. 我从不简单地接受对原因的解释，而是追问还有没有其他假设	1	2	3	4	5	6
14. 当他人反驳我时，我不会恼怒，而愿意重新思考	1	2	3	4	5	6
15. 我总是能分辨一篇文章是不是鸡汤、鸡血、谣言或流言	1	2	3	4	5	6
系统思维						
16. 我会辨析特定信息或经验的前提条件、使用条件和边界条件	1	2	3	4	5	6
17. 我通过主动输出（如写作或教会别人）来学习	1	2	3	4	5	6
18. 我会在多个主题上构建自己的知识体系	1	2	3	4	5	6

请把自己在各项能力上的得分汇总到下表 5–2。

表 5–2　测评者各项能力的得分汇总表

学习能力维度	自测得分	思维模式	自测得分
追问与反思经验		成长思维	
分析与整理信息		批判思维	
内化与应用知识		系统思维	
			总分 ________

注：总分 60 分（含 60 分）为及格，85 分以上为优秀。

解读知识：为信息添加上下文

你在过去一个月中看书和看手机哪个用的时间多？

我们都知道书上的信息和手机上的信息质量是不一样的，而随着移动阅读逐渐成为主流，人们接受的信息数量大幅增加，平均质量却不断降低。所以，虽然说学习能力一直很重要，但在这个时代尤为重要。

以前，人们获取的信息大多经过了专业人士的（编辑、记者、专家……）筛选和加工，而现在任何人都可以是自媒体，其导致的结果就是“谣言流言传得快，鸡汤鸡血满天飞”。大前研一的建议虽不适合当前国人，但人家毕竟不是信口雌黄，只是没在书中刻意界定适用边界。可某些微信中的自媒体和微博中的写手，为了博眼球、促转发，会故意采用偏激、煽情和夸大的方式误导读者。

今天的信息环境像是你在网络问医，难以分清哪些是正规医院、哪些是莆田系医院；又好比你在乡村赶集，耳边吆喝声此起彼伏。信息环境如此险恶，这促使每个人将分析和整理信息的能力提升到生存技能的高度。

学界对“知识”和“信息”的定义莫衷一是，但我们一般认为，所有知识都算信息，但并非所有的信息都是知识（见图 5–1）。

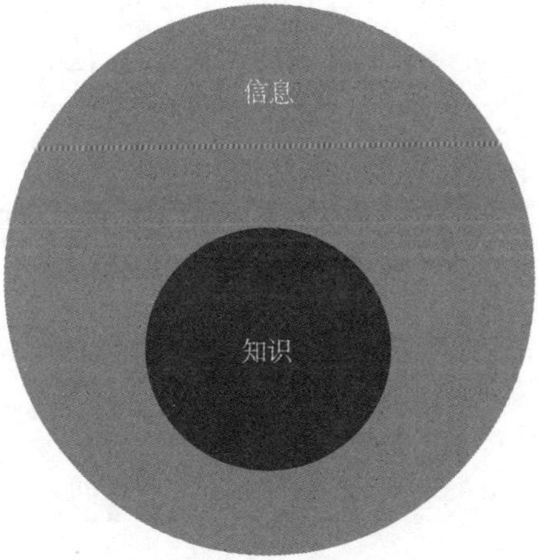

图 5–1　知识和信息的关系

为方便讨论和使用，我们将知识粗略地界定为：由专家或权威给出的、包含了一定上下文的信息。

大前研一当然是权威，他在书中论证理财能力的重要性时，给出了丰富的论点。读者若不加思考地追问，只记下结论“理财能力是最重要的能力”，则得到了一条严重简化的信息。然后，若按部就班，把学习理财的优先级提到最高，花费大量时间精力去研究投资和理财，那无异于刻舟求剑。“思考追问”本质上就是学习能力的体现。

再如，从网上看到的“一天要喝8杯水”是信息，而某医学专家写在书中的“在肾功能没有问题的前提下，一位成年人一天喝2 000毫升水对身体有益”就是知识。知识的上下文主要表明前因后果和适用边界：“对身体有益”是前因后果，“肾功能没有问题”和“成年人”是适用边界。

总的来说，知识的结构化比较清晰，具备“可证伪性”，鼓励受众自己判断；而缺少上下文的信息胜在简单粗暴，鼓励受众直接认同。哪个更容易传播？显然是“一天要喝8杯水”。所以，网上传播最快的通常是严重缺乏上下文的信息。

那么缺少上下文怎么办？再次回到便签法“在一切跟学习有关的事情上，反求诸己”的原则：不抱怨学习素材，给自己提要求。我们要提升学习能力，我们自己来给它添加上下文。这就要求我们对信息进行分析和整理。

1. 分析信息的关键是追问前因后果

前（前车可鉴）：为什么这件事对我重要？作者是怎么引出这个信息的？

因（相因相生）：作者提出了哪些关于原因的假设？是怎么验证或排除这些假设的？还有其他可能性吗？

后（以观后效）：若依从信息去做之后会怎样？对我的好处（效用）是什么？

果（自食其果）：不这么做的后果是什么？不改变的问题有多严重？

2. 整理信息的关键是明确适用边界

适（适得其反）：有没有相反的观点？有没有不支持这个观点的实例？

用（使用条件）：要这样做得具备哪些条件（考虑成本收益，考虑态度能力……）？什么情况下是不管用的？

边（旁敲边鼓）：从前有没有类似的（或看起来差不多的）信息？其他领域 / 行业 / 作者如何看待类似的问题？

界（楚河汉界）：无论是相反的还是类似的信息，和这个信息的真正区别是什么？交界在哪里？

这些问题并非泾渭分明，主要为了提供思考方向，一般不需要逐一问下来。当遇到新信息时，能否熟练和适当地应用这些提问，可以体现一个人的学习能力。

建议读者暂停阅读，拿出手机，随意找到一篇最近打开过的文章，想一下这篇文章的核心信息是什么，然后追问“前因后果，适用边界”中的 8 类问题。

有趣的是，对于手机和网络上的很多信息，我们只需要问“为什么这件事对我很重要”，就会发现这个页面可以关闭了。因为无论从哪个方面讲，它对我们一点儿都不重要。

> 一个男孩十几岁时在报上读到的几乎所有东西，即便事实确然，他对事实所做的强调和解释，在他满 20 岁之前也都会被证明是错的，更何况大多数的事实早已不再重要。因此，他就必须设法消除他所记得的大多数东西带给他的影响；他还有可能已经形成了对庸俗和轰动效应的无可救药的品位，以及从一段跳到另一段的习惯，就为了知道加利福尼亚的某个女演员离婚了、法国的一辆火车出轨了、新西兰有人生了四胞胎。[①]

上面这段话，是 C.S. 刘易斯在 1955 年写下的。这段话表明，人们在无益的碎片信息上浪费时间，这是个老生常谈的问题，并

① 引自《惊悦》，作者：C. S. 刘易斯。

不是始于移动阅读时代。

I 便签：辨别知识和信息

第四章介绍便签法时，只说 I 便签要“用自己的语言重述信息”，并未具体要求写什么。这是因为处理的对象是图书中清晰、可信的知识，同时，对刚入门便签法的学习者来说，保有一定的理解自由度会更放松。现在，我们要把重述的对象从“知识”扩展到“信息”，这就需要强化对信息的分析和整理，所以，请尽量在 I 便签中刻意体现你对信息的前因后果和适用边界的思考。

知识和信息也没有那么泾渭分明：哪怕是一本很严谨的大书，也不可能穷尽所有的前因后果和适用边界。反之，哪怕是一篇写手炮制的微信文章，也多少会包括一些上下文。又或者，哪怕是一些大师的书，因为时代不同、目标读者不同，他的论述对我们来说也是不合适的、偏离了重点的（大前研一的书就是这样），举的例子对现在的读者来说是有隔阂的。所以，有时候我们不容易直接断定一些内容是信息还是知识。但这些都不重要，重要的是自己具备对其进行分析和整理的能力。

I：用自己的语言重述信息

存款利率太低，且理财意识缺乏，让我们挣来的财富在无形中消失。

理财对日本青年来说非常重要，以我现在的情况来说，花大量的时间和精力学习理财，投入产出比不高。但书中说的锻炼理财能力的方法论可以借鉴，还可以用来规划锻炼其他能力。

不仅 I 便签有助于分析整理信息，A1 和 A2 也会促进对前因后果和适用边界的界定。我们经常会遇到某篇看起来很有道理的文章，文辞精彩、论证雄辩、举例众多，让人忍不住点赞。但若怎么都联想不到自己的 A1，那就说明这篇文章（起码目前）对你不重要。或者，你找到的 A1 按照文章的建议去加工后非常别扭，你规划出的 A2 对你来说难度堪比挑战奥运会比赛，那就说明这篇文章对你的情况不适用。

有的书建议记录每 1 分钟，有的书强调把一件事重复 10 000 个小时；有人鼓吹要每天记晨间日记，有人推崇要把所有物件分门别类收纳；有的社群崇尚早起，有的社群说你得每天听 1 本书……提出这些建议的人都觉得其正确无比，听的人也会觉得其做法有道理。但你若用3张便签去分析整理，会发现其实不少信息对你并不重要。有些就算你觉得好，却怎么都用不上，或者用上了也不是享受，而让你苦不堪言，得咬牙坚持——坚持的结果一定是坚持不下去，最后导致你对自己评价很低。很多信息或建议都是这样，无论发起者本人是多么发自内心地去推崇。其实，这些信息或建议的适用条件都因人而异，对不同人来说，投入产出比相差很大。

有一次我在“赤兔”（领英）做分享，有人问如何看待“沉默的人生才厚重”这句话。我说，这句话是典型的碎片信息。试着用便签法加工一下：在I中，能否写出怎样算“沉默”？怎样算“厚重”？为什么厚重的人生对我很重要？在哪些情况下应该沉默？如果这些能想明白，继续问自己能想到A1吗？如果发现很难联系到自己的经验，那还是说明这句话对自己意义不大。能做到A2吗？人们很可能想到自己最应该在争执的时候保持沉默，但实际上自己在有情绪时不可能做到。好了，现在可以放心地忘记这句话了。

那么，是今后再也不能问“如何看待……”这样的问题了吗？那要看你提问的心态，如果你期待别人给你更详细的解答、更明确的指导，那这样的提问确实没有意义；如果你先有了自己对该问题的思考，期待和他人的回答去碰撞，去对比自己和他人的回答，那倒是可以深化对该信息适用边界的理解。

不要急于质疑和挑战

第四章讲过，有一类学习者习惯于“附会式学习”，比如拿到本书快速翻阅后得出的结论是“这不就是说要学以致用么”，或者读完本章内容后点点头说“这就是说尽信书不如无书”。对这类学习者，我建议他们多多追问适用边界 4 类问题中的“界”，如“这本书说的和一般的‘学以致用’，差别在哪里？交界在哪里？”

还有一类人，遇到新信息时倾向于质疑或挑战。他们甚至只扫一眼封面就频频摇头：“书怎么能不看完呢？”“把读书变得这么功利有意思吗？”习惯性质疑是学习的障碍，这与我们鼓励的“批判性思维”完全是两回事。

> 熊十力要学生徐复观去读《读通鉴论》。徐很快读完，谈了许多对这本书的批评。熊十力斥之：你这个东西，怎么会读得进书！任何书的内容，都有好的地方，也有坏的地方。你为什么不先看出它好的地方，却专门去挑坏的；这样读书，就是读了百部千部，你会受到书的什么益处？读书是要先看出它的好处，再批评它的坏处，这就像吃东西一样，经过消

化摄取了营养。多年后，徐复观回忆道：这对于我是起死回生的一骂。

不妨把质疑和挑战往后推一推。遇到新信息时，在分析阶段（问前因后果）主要关注信息的有用、有价值之处，到了整理阶段（问适用边界）再去质疑和挑战。“对别家孩子有用的，对咱家也有用吗”“书上说的就一定对吗？另一本书还不见得这么说呢”，同样这些问题，如果是在梳理了新信息的前因后果之后再质疑，说明质疑的人具有批判性思维，是不错的学习者。但如果是一看到新信息就质疑，则说明此人闭塞、自大、不善学习。

在大多数情况下，按照信息的前因后果和适用边界进行分析和整理已经足够了。若仍然有模棱两可之处，那么下面两类问题可能会对你有所帮助。

价值观： 遵循的价值观是什么（所谓价值观，其实是一种排序，即什么比什么更重要）？作者和我的价值观一样吗？

参考资料： 信息源（参考的书）是什么？需要顺藤摸瓜去检索吗？

好多人一边制订读书计划，一边努力克制看手机的欲望。现在你应该知道，对你来说最重要的是当信息到来时，自己有没有做好准备。一般而言，看书比看手机更容易有收获，并不是因为书中信息更好、更正确或更系统，而是书中的内容能更有效地帮学习者理清前因后果和适用边界。这就像是好的现场培训比同主题的书更有价值，并不是因为培训师更资深、讲述更生动或更具表演性，而是精心设计过的现场学习能更有效地帮学习者激活个人经验，规划未来行动。

如何借助 A1、A2 便签来追问和反思？

回想一下，给你带来最大改变的一次学习经历是什么？

如果你跟大多数人一样，那么你的回答应该是某个刻骨铭心的经历，而非某次课堂或书本的学习。

前两种成人学习维度（从知识中学习或从信息中学习）本质上类似。那么，这就是学习的全部了吗？找到好的信息，加工出上下文，然后重述，激活自己的经验，加工出应用？

对成人学习来说，学习的起点往往是因为遇到了问题。一个未婚未育的人大概不会去读子女教育相关的书，一个刚参加工作的人也不会看团队管理的书。所以，遇到问题，找相关的致用类图书去读、去学习，这是自然而然的现象。但很多时候，你遇到的问题非常特殊，在书中找不到现成答案，怎么办？可以问人，问过来人、问老师、问专家顾问。但如果没有人能回答呢？或者回答的人不够权威，以至于让你怀疑他的答案可能还不如你自己想的呢？

我和妻子为了迎接第一个孩子，买了一摞有关子女教养的书，越看越头大，后来都搁在书架上当工具书了——遇到问题再去翻查。有时候书中找不到答案，就请教其他人。未曾想，妈妈们七嘴八舌，9 个人能有 10 个主意。

这样的情况其实很多，大到市场战略如何制定，现在创业是否合适，小到过年回谁家，父母催婚怎么办。其实，这类问题都有个共同点：前因后果千差万别，没有一本书能提供现成的答案；适用边界因人而异，不可能有人给出解决方案。通常在解决这类问题的同时，我们也开启了宝贵的学习体验。问题解决的过程和学习的过程水乳交融，难分难解。

从知识或信息中学习（即 Knowledge，称为 K 机制）并非人类学习的唯一机制，学习的另一维度是从经验中学习（即 Experience，称为 E 机制）。

每个人从小就开启了这两种学习机制。在课堂上学四则运算或“举头望明月”，这是 K 机制；考试时作弊被老师发现，下次就知道不能一字不差地抄了，这是 E 机制；读完《返璞归真》，改变了价值观，这是 K 机制；填报高考志愿时和父母的想法不一样，四年后领悟到不能全听父母的意见，这是 E 机制。

随着我们年龄的增长，对两种学习机制的要求会水涨船高。成年人的世界里都有“一卡车的难题”，约束条件和情境因素千变万化，很多问题难以直接找到答案。这时就出现了分歧：有人仍迷信“知识改变命运”，试图用更多的证书和阅读解决所有问题；有人则惊呼“知识无用”，只重视鲜活的经验和摸着石头过河的实践。前者说后者不学无术，后者笑前者不通世务。

二者看似矛盾，其实都还在较低的学习层面埋头独行。实际上，两种学习机制都可以通过增加技能点而升级：纸上得来的知识，加上实战经验和实际运用，可成就黄埔名将；摸爬滚打来的经验，辅以观察反思和行动反馈，能打造泥腿战神。

学习的最高境界是“知行合一”，但大部分人对这 4 个字望文生义，以为是“知道了就去做”的意思。那怎么可能是最高境界，那明明是基础要求。王阳明对知行合一的阐释是“知之真切笃行处即是行，行之明觉精察处即是知”。这意味着对“知”（知识、信息）和“行”（经验、行动）都要加工，这样二者才能在更高层面上“合一”。

作为工具的便签学习法，可以帮助我们知行合一。

首先，在阅读时，拆书帮便签学习法可以有效促进书中知识的内化和应用。

其次，即使把图书知识拓展为任何形式的信息，比如手机信息、父母建议、领导点拨、怀孕后好心人给的经验之谈，仍然可以用便签法来强化对信息的分析和整理。

现在，我们用便签法来对经验进行反思和追问。

关于人类从经验中学习的机制，绕不开著名的库伯学习圈（见图 5–2），也就是教育学家戴维·库伯（David Kolb）的经验学习圈模型：学习的起点是人们的经验（Experience），然后是对经验进行反思（Reflection），再系统化和理论化反思的结果，也就是学习的第三阶段——“理论化”（Theorization），最后是“行动”（Action）。行动中如果出现新问题，则开始又一轮的学习圈，如此循环。

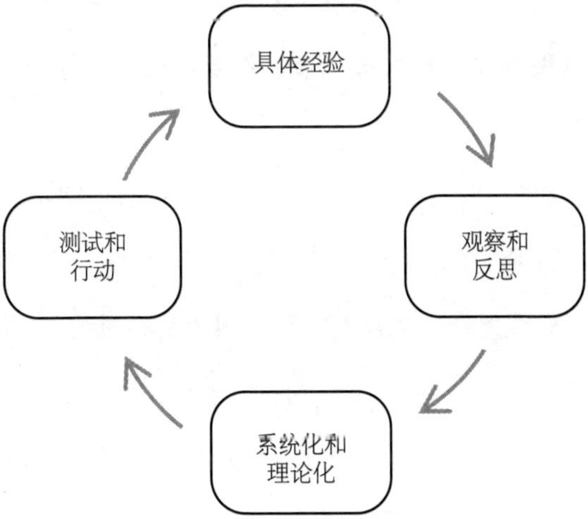

图 5–2 库伯学习圈

我们可以借助3张便签实现这个学习过程：先拿一张A1便签，写下自己的问题，然后对这个问题进行反思和追问，问有洞察力的问题。如果你不知道具体该问什么，就问前因后果、适用边界。通过追问，找到重新定义的问题，写在I便签上。然后规划A2便签。在真正的行动中检验信息，发现新问题，再次反思。如此形成一个小循环。

下面是使用便签法追问和反思经验的一些要点。

从A1开始使用便签，完美对应了库伯学习圈的起点。用A1便签描述自己的经验时，需要注意：一定是自己亲历的问题，不能是想象的、理论的问题。此外，最好是比较紧迫或重要的问题，因为解决无关痛痒的问题很难引发学习。既然是便签，就要简短一点。在这里不要展开太多细节，不要进行过多分析。用几句话描述问题即可。

写完后审视一下这张便签，问问自己：这个问题真的足够独特，肯定没有现成答案或可供参考的方案吗？

心理学研究发现，人常有一种“自我中心思维”，导致我们遇到问题时会夸大其独特性。“因为我的老板如此奇葩，才会有这个问题”“因为我媳妇和我妈恰好性格迥异、喜好相反，才会水火不容”“因为我的孩子跟其他孩子不一样，才会在睡觉这件事上特别让人头疼”——我们都认为自己的问题很独特，不可能有现成的答案，必须竭力去解决。杨绛先生说过一句话，可以用来形容这类人——“想得太多、读书太少”。《圣经》说“日光之下无新事”。我们应相信，令人苦恼的很多问题，无论是工作中的还是生活中的，都有前人遇到过，而且很可能已经有人研究、梳理过，已被写入某本书中，或者存在某人的头脑中。

所以，如果你发现 A1 便签上的问题可能是有现成答案的，那么最好的方法不是去解决问题，而是在明确问题的本质后去查书或问人，而后再分析、整理问到的信息，内化、应用读来的知识，而不是热衷于重新发明。

如果问题确实很独特，再进入下一个步骤：对之反思和追问，把“真正需要解决的问题”写在 I 便签上。

I 便签用以重述信息，其实是为了澄清问题、理解问题、找到根源，从而重新定义问题。

切记，一定不要急于找到答案或采取行动，即不要越过 I，直接从 A1 跳到 A2。因为从 A1 到 I 的过程是最重要的，真正的学习就发生在这里。

同样是经验，在读书时写下的 A1（应用和内化知识时的 A1 便签）和解决问题时写下的 A1（反思和追问经验时的 A1 便签）有着极其重要的区别。

要知道，任何对问题的描述都是在赋予经验和事实以意义，都暗含了因果推断。看似是对事实的描述，其实都可以灵活地进行诠释。所以，绝大多数情况下，未经反思的经验都是不可靠的，未经追问的问题都不是真正的问题。

表 5–3　两种 A1 便签的对比

应用和内化知识时的 A1 便签	反思和追问经验时的 A1 便签
• 受到知识启发而激活 • 配合知识中的因果关系而选择素材 • 因为知识而赋予经验以意义 • 与知识配合出现，不容易被误解	• 可能是错误的问题 • 可能有片面认知或错误归因 • 可能定了错误的目标 • 可能遗漏前提条件或使用边界
例子： I：一定要专门安排时间，先做重要的事情，否则总是会让紧急的事情排在前面 A1：我非常重视和父亲的关系，但我最近总是忙这忙那，一个月没有和他联系了。另外还有某位重要的客户，也需要特别安排时间，没事也聊几句	例子： A1：我妻子总是想改变我。她特别强势，而且她不理解我。我觉得跟她已经快没有感情了。前天我们为一件事情吵架…… 在反思和追问之后，可能 I 是这样的：真正需要解决的问题是，我们俩在有孩子之后的这两三年太缺少深入交流的机会了。交流少导致了相互不理解、相互指责和埋怨

从表 5–3 的例子可以看出，如果以明确的知识或信息为导向，我们很容易从丰富的经验中选择相联系的细节，凸显因果，再讲述出来（左列的 A1）。叙述经验是为事实赋予意义的过程，任何问题都牵涉到无数丰富的细节，人们的选择背后都是有假设、前提或标准的。若未经反思，这背后的假设、前提或标准往往模糊而片面，甚至完全错误。所以，凭惯有认知写出自己的难题（右

列的 A1）是一回事，能澄清其背后的假设、前提或标准，梳理出最关键的因果关系，挖掘出真正需要解决的问题，则是另外一回事。要做到这些，需要持续的反思和有洞察力的追问。

怎样才算是有洞察力的追问呢？对此无法一概而论，但有洞察力的问题总是需要不同的视角和不同的假设。如果你实在没有思路，可以从如下 8 类提问开始：

追问前因后果

前（前车可鉴）：为什么这件事对我重要？是怎么出现这个问题的？

因（相因相生）：都有哪些关于原因的假设？怎么验证或排除这些假设？还有其他人能帮我思考，给出更多选择或可能性吗？

后（以观后效）：若这个问题解决了，最好的结果是什么？那是我期待的吗？

果（自食其果）：如果我什么都不做，会发生什么？

明确适用边界

适（适得其反）：有没有人不同意我对原因的假设？有没有不符合这个假设的实例？

用（使用条件）：要解决这个问题，需要具备哪些条件（考虑成本收益，考虑态度能力……）？这件事可以用其他什么方式来完成？

边（旁敲边鼓）：有没有可供借鉴的情况？其他领域/行业/人如何解决类似问题？

界（楚河汉界）：无论是不同的意见还是类似的问题，它们和我的思路的真正区别是什么？交界在哪里？

举个例子：

A1：描述自己的相关经验

大专学历，5年工作经验，感觉无法突破技术瓶颈，因为英语底子太差，无法阅读前沿的技术文档。手机上装了一个“新概念英语”的应用程序和背单词的软件，但还是觉得英语水平提高得很慢。

请试着用以下问题向自己提问：

1. 为什么学英语对我很重要？英语本身不重要，重要的是很多前沿的技术文档都是用英文写的。

2. 是怎么出现这个问题的？过去一年来，我越来越多地需要阅读英文文档，连支付宝的一些最新开源项目都只提供英文文档了。

3. 都有哪些关于原因的假设？（1）因为我英语底子差。（2）因为我工作忙、加班多，能用来学英语的时间少。（3）因为没有能一起学的人，或者能指导我的人。（4）……想不出来了。

4. 有其他人能帮我思考，给出更多选择或可能性吗？对呀，我该去问几个真正的成功者，他们会给我什么建议，还有他们是怎么成长的。

5. 若这个问题解决了，最好的结果是什么？我的英语水平很高，能像看中文一样看英文技术文档，那我的技术能力会提升，公司可能给我更多机会，也可能会加薪。不过只是有可能而已。我们公司技术专家的晋升通道很窄。

6. 有没有人不同意我的假设？有没有不符合这个假设的实例？我还真不知道！但这点挺重要的，有必要去了解，是不是每个专家的英语都是很强。

7. 要解决这问题，需要具备哪些条件？就我这英语底子（四级勉强通过，后来忘得差不多了），要学好英语需要太多的时间和精力。

8. 这件事可以用其他什么方式来完成？如果能有机会定期参加合适的技术培训，效果应该会好。可惜我们公司很少安排学习机会。

9. 有没有可供借鉴的情况？我有朋友在 BAT[①]，他们参加学习和交流的机会很多。估计一些重视技术的公司都很看重技术类员工的成长。

10. 可借鉴思路和我的思路的真正区别是什么？区别就是我的公司很少提供学习机会，也没有太多给技术专家晋升的空间，所以我才总是想着自学技术文档。

I：用自己的语言重述信息

我怎样才能找到并进入一家能提供更多学习机会和成长空间的公司。

① BAT 代表百度、阿里巴巴、腾讯中国三大互联网公司。

爱因斯坦说，如果我有 1 个小时来解决一个问题，我会花 55 分钟去思考问题本身，5 分钟去思考解决方案。所以，请把尽可能的精力和时间放在从 A1 便签到 I 便签的过程中。要相信，经过追问和反思，你一定会在 I 便签上写下不一样的问题。

最后在 A2 便签上写下规划应用。在界定了真正需要解决的问题后，再开始寻找解决方案。其要点和 A2 便签的通用要求一致：目标性、行动性、关联性、可控性。仍然先考虑目标，也就是问题解决到什么程度、达到什么效果你才满意。这样，A2 写下的行动或应用都是为了缩短现状与目标状态的距离。要求自己在 A2 便签上尽可能写出一个以上的行动方案，因为多个备选方案会大大

A2：我的应用（目标与行动）

目标：在 4 个月内跳到一家学习机会多、成长空间大的公司。收入可以略降。

行动：一周内约 ×× 喝咖啡，请教他的成长之路和学习方法。

一个月内搜集两家公司求职，以及两家用于练手面试的公司……

增加找到更好的行动和结果的可能性。然后考量每个行动方案的现实性和成本收益，紧紧围绕I便签写下的问题，最后根据“可控性”的要求锁定具体行动。

从上面的讨论和示范中可以看到，如果能提升从经验中学习的能力，也就提升了解决问题的能力。因为解决问题的方法论正是对问题进行追问和反思，从而澄清问题本质、抓到关键假设。

为什么咨询顾问可以给在某个行业做了20年的人提供建议？显然不在于知识，也不在于经验，而在于他具备反思和梳理经验的能力（哪怕是他人的经验），以及找出规律、识别因果、触类旁通的能力。

苏格拉底说，未经反思的生活不值得过。经验是重要的学习资源，但若不加以“明觉精察”，经验就不可能变成智慧。反过来说，若能提升反思和提问水平，那么每次遇到问题都是一个很棒的学习机会。

用便签法升级学习力

我们可以从追问和反思经验、分析和整理信息、内化和应用知识这3个维度打造立体的学习能力（见图5–3）。

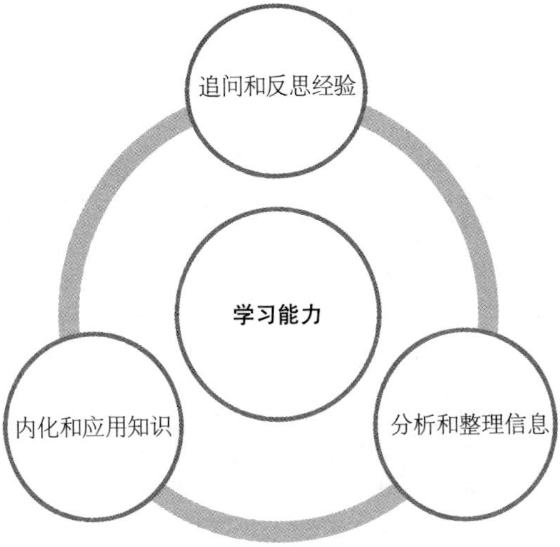

图 5–3 打造立体学习能力的 3 个维度

经验经过反思和追问可沉淀出信息，信息经过分析和整理可升华为知识，知识经过内化和应用可转化成能力。行动带来新的经验，阅读带来新的信息，反思带来新的知识……这样，学习者的能力可以不断在体验和反思中循环、上升。这就是所谓的知行合一，所谓的学习之道。

学习能力的这 3 个维度都可以结合便签法加以练习和强化（见表 5–4）。

总而言之，3 张便签是很好用的工具，能帮我们提升反思、提问、分析、整理、内化、应用……学习能力的各个要素都可以得到强化，就像善用哑铃能锻炼多处肌肉一样。如果你在运用便签法时发现并不容易，那很正常。人不可能一拿到哑铃就可以力大无穷，你得按照正确的方法勤练才行。

表 5–4　针对 3 个维度的便签法

用于反思和追问经验	用于分析和整理信息	用于内化和应用知识
先在 A1 便签写下遇到的问题，描述相关经历。追问前因后果、适用边界，直到澄清了问题的本质，将真正需要解决的问题写在 I 便签上 再规划 A2 便签的解决目标、行动方案	在“用自己的语言重述信息”时，刻意梳理信息的前因后果和适用边界 对 A1 和 A2 的思考也能够进一步帮助明确适用边界	把重述信息、联结经验、规划应用变成自己的习惯，甚至成为本能反应 避免附会旧知、泛泛而谈，避免决心泛滥或感慨万千
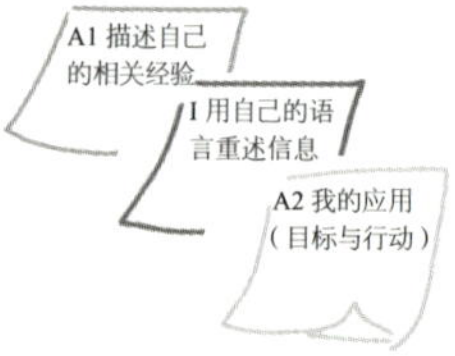	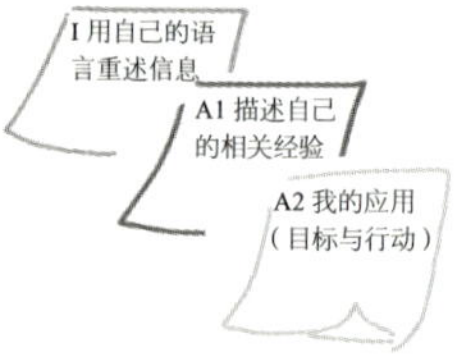	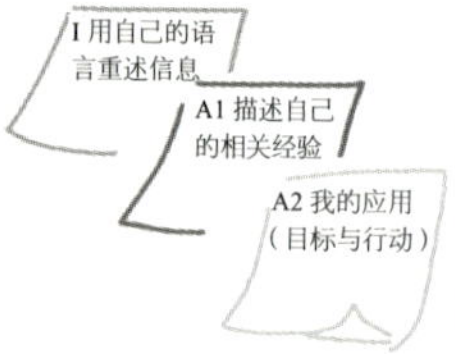

和锻炼身体一样，若有条件，先参加健身课或找教练指导，可以让你很快尝到学习的甜头，轻松度过起步期。对学习知识或应用信息来说，拆书家引导的 RIA 现场学习有助于事半功倍；对反思经验或解决问题来说，有效的实践是用“私董会”的方式来“众筹”提问。

为什么追逐“干货”是伪学习？

常有人说我讲的课“干货满满”，我哭笑不得。

每个人都说“干货”，但大家的理解不见得一样。“干货”一词本是农牧业词汇，最早用在教育领域，有案可查的是2002年徐小平所著的《图穷对话录》，说要给咨询者提供有价值的思想。十多年后，这个词的含义有了很大的变化。

“罗辑思维”不断强调说自己把一本书加工成短视频，是拿出了书中的“干货”。这种做法在商业上如此成功，以至于现在的各种读书会和社群纷纷跟风，从致用类图书中抽离出“干货”叫卖吹嘘。“干货”呈现形式多样：短文、笔记、思维导图、PPT、短视频、在线音频。

“干货”这个词其实很贴切——把一本书的知识摘抄出“干货”，不是把大图片压缩成小图片（压缩后的图片只是清晰度降低，仍能看出原貌，但从书中摘抄出的要点无法看出原书全貌），也不是把湿衣服晒干（衣服和水原本不是一回事儿，但书中的湿货和干货浑然一体），而像是把鲜鱼晒成咸鱼干——脱水的同时破坏了细胞，转换了性质，改变了味道。

有人就是喜欢吃咸鱼干，这本是口味问题，不必讨论。但宣称“咸鱼干才是鱼的精华”，这就是无稽之谈了，食品科学和营养学早有定论：鲜鱼加工成咸鱼干后，营养会大幅流失。

“干货式学习”仍存两个方面的误区：首先，“得到书的精华就是学习”是成人学习的歧途；其次，干货也不是书的精华。学习能力的重要维度之一就是对照信息加工出上下文，加工成对自己有价值的知识。而从一本书中摘出干货，其实是一个逆向的过程，是去掉上下文把知识“降解”为信息。如果是自己做这事，多少有助于记忆，但若把别人九蒸九晒过后的“干货”还当宝贝收藏，痴迷于“干货式学习”，那就是误入歧途了。何况很多人拿到咸鱼干并不吃，只是闻闻味道，随手藏进库房，和另外几万件都快放臭了的咸鱼干堆在一起。时间久了他们又会焦虑，再去学习怎么把不同的咸鱼干分门别类，学习怎么整理笔记。实在整理不过来了，再学习怎么断舍离……

不要再把咸鱼干当宝了，成人学习不是晒干，而是转换。学习者可以清蒸全鱼，也可以只吃鱼头，尝过滋味后化为营养。把对自己有启发、有感触、有用途的知识贴上便签，转化为自己的语言、自己的经验、自己的应用，得鱼忘筌，得饱忘鱼，不亦乐乎？

第六章

构建属于你自己的知识体系

对于想提升知识管理能力的成人和职场人来说，构建出自己的知识体系是最终目标。

之所以要构建自己的知识体系，不是因为体系本身有多好，而是知识体系能够让人有稳定的根基和框架，能帮助人树立成长思维、批判思维和系统思维。这样我们才不至于像浮萍一样，一波新信息打来，就跟着漂去了。

没有体系的人，要么听风是风、听雨是雨，要么针插不进、水泼不进。有知识体系的人则可以实现思维方式的升级，拥有成为专家的方法论。

但这些必须是自己的知识体系，而不是把书中或专家的知识体系搬进自己的大脑。从一组便签到多组便签，相互配合、相互对接、相互界定，你的知识体系自然会生长。

知识管理：被加工的碎片化信息

我曾在多个企业大学分享“知识管理”这个课题，在调研中我发现，大多数报名的学员对知识管理的期待有 3 个：

1. 怎样更好、更高效地寻找和收藏资料。

2. 怎样对信息、文档、资料分门别类，找到好用的方法或软件来管理。

3. 怎样读更多的书，记住更多的内容，理解作者的体系。

从这些期待中可以看出，大多数职场人认定，若能用心积累知识碎片，日积月累，必然能得到巨大的回报。人们的惯有认知是积少成多，但事实屡屡证明聚沙不一定能够成塔。

对职场人来说，以收集、整理资料为主的“知识管理”产生的价值非常有限：投入不小，产出并不大。

如今移动阅读导致信息碎片化，更是削弱了收集资料的意义。有人说，如果你想要的资料搜索一下就能出现，还有什么收集的必要呢？

曾有一位高学历的全职妈妈说，她有个习惯，看到好的育儿文章都会收藏起来，后来发现不同文章的观点也是不同的，甚至是相反的。有的文章说“绝对不能当孩子一哭就抱，这样会让他/她哭得更厉害”，有的却说“孩子的安全感主要是两岁之前建立起来的，所以这个阶段应该有求必应，一哭就抱”；有的文章说“按天性教养孩子”，有的却说要教孩子背诵《弟子规》……

知识管理，尤其是碎片化时代的知识管理，重点不是对承载知识的文档和文章进行管理，而是对加工知识的大脑进行管理。

现在人们对“知识管理”的理解大多是刻意寻找信息和资料，然后收藏、贴标签、归档，以便日后调用。就像《天龙八部》中藏有大量武学典籍的“琅嬛福地”，“天下各门各派的武学典籍，尽集于斯。……书架上贴满了签条，尽是‘昆仑派’‘少林派’‘四川青城派’‘山东蓬莱派’等名称，其中也赫然有‘大理段氏’的签条。但在‘少林派’的签条下注‘缺易筋经’，在‘丐帮’的签条下注‘缺降龙十八掌’，在‘大理段氏’的签条下注‘缺一阳指法、六脉神剑剑法，憾甚’的字样。”

创建琅嬛福地、搜罗武学典籍的是逍遥派的两位高手——无崖子和李秋水。逍遥派的武功已经很强了，书中没说他们拿这些典籍具体做什么，而只说是留给女儿的。段誉进入山洞时，琅嬛福地的典籍已经不在了，已被无崖子和李秋水的女儿搬到苏州夫家了。这个女儿的夫家姓王，人称王夫人。

虽然拥有一流的知识收藏，但王夫人的武功并不怎么样。在金庸的江湖里，最多算是二流。比不上情人段正淳，比不上隔壁亲戚慕容家，更比不上乔峰、段誉和虚竹。要论王夫人的待人接物、处世机变、谈吐审美，就更是反面的典型了。王夫人的例子说明，文档整理式的知识管理就算不是完全没用，也是用处很小。

王夫人的女儿叫王语嫣。王语嫣也能看到那些典籍，但她不只是简单地收藏和阅读，而是把不同的武功知识在心中串联起来。所以，虽然她自己不会动手，但可以指导实战。

王语嫣的例子说明，能把不同来源的碎片化信息加工成自己的知识体系，并联系实际问题规划自己的实际运用，是知识管理的更高境界。

王语嫣虽然识尽天下武功，且能在脑中融会贯通，但她的见识在金庸的江湖中不算是一流。着墨最多、最受推崇的，无论是武功还是待人接物、为人处世、谈吐审美都称得上一流的人物是张三丰。至于他读过多少书，收藏了多少武功，书中没说，那不重要。重要的是他的输出能力超强：爱徒俞岱岩受伤，他在烦闷之中写下了24个字，教会了张翠山一套武功；他闭关18个月，发明了太极剑，教会了张无忌；他教出的武当门徒，各个人品、武功上乘。张三丰（以及其他一流高手）的例子说明，知识管理的最高境界是输出，包括写作输出和教会别人。

知识管理这个概念于20世纪80年代提出，30年间已经完善了很多。总的来说，知识管理有两大分支：学院派的知识管理和实践派的知识管理。学院派的知识管理对应学院式学习，以知识学习为中心，用更多、更好、更清晰、更系统和更易提取的知识指导科研、梳理框架、撰写论文；实践派的知识管理对应成人学习，以促进应用、解决问题、创造价值为目标，企业、军队等大型组织对其更为关注。

在中国企业界，大家公认知识管理投入最大、成效最明显的是华为。很多大企业都派人去华为学习知识管理。

华为内部有个拆书帮分舵，发起人正是知识管理部的一位负责人，我曾请他分享华为的知识管理经验。他说，华为的知识管理经历了三个阶段的发展：

第一个阶段是2010年之前，重点是显性知识管理，也就是文档管理，包括归纳、存储各种专利文档、人员文档、客户相关文档、事件相关文档，以及研究如何方便调取。

第二个阶段是在2011年之后，重点是经验管理。2011年华为引入了美国陆军、英国石油的知识管理顾问，开始强调人与人之间的经验交流，强调知识应用和实践社区。

第三个阶段叫作集体智慧管理，其本质是输出知识和解决复杂问题。华为开始追问，怎么利用集体智慧提高企业的应变和创新能力，解决复杂和不确定的问题？除了总结、利用好旧知，如何激发组织创造出新知？内容和知识能否直接变现？

这本书的重点不是组织的知识管理，但对个人学习来说，三个阶段可以给我们很多启发。第一个阶段对应王夫人的境界，收藏很多文档、音频、视频并分门别类，然而并没有什么用；第二个阶段对应王语嫣的境界，知道要联系经验，要加工梳理，要在应用中学习，要构建自己的知识体系；第三个阶段对应张三丰的境界，通过输出来升级表达、成为专家、变现知识，同时增长自我智慧、解决复杂问题、促进他人成长。

在移动阅读时代，如果你关注的微信公众号达到20个，那么你每天收到的推送信息可以编成一本书。在海量碎片信息中看到可能有用的信息，总要浏览一下吧，再收藏、加个标签、笔记分级、硬盘扩容……需要投入的时间和精力越来越多，能产生的价值却越来越少。

职场人最需要聚沙成塔式的知识管理。打造出自己的知识体系，能用于解决问题、提升能力，有助于深化思维、升级表达和成为专家。

学习不是照搬他人的体系

你有没有算过每天花在微信、微博、知乎、今日头条上的时间有多少？随着移动阅读逐渐成为接收信息的主流渠道，我们越来越频繁地听到类似的感慨：如果人们把看手机的时间用来看书就好了。

这么说的人真正想表达的是：手机上的信息是碎片化的，而书中的信息是系统的、完整的，效果更好。

很多人接受这个说法，然而并未改变，还是继续带着负疚感刷手机。然而，看书一定比看手机更好吗？这个惯有认知符合事实吗？

如果要追问下去，本质上牵涉 4 个问题，接下来我们分别从这4个问题来深入分析。

1. 系统化的信息一定比碎片化的更有价值吗？

答案显然是“不一定”。

从知识学习的角度来说，《论语》本身是碎片化的语录，《圣经》远没有基督教的系统神学那样体系化，《道德经》的篇幅和一篇长博客差不多，帕斯卡尔《思想录》的价值也不见得小于维特根斯坦的《逻辑哲学论》。

从成人学习的角度来说，如果我希望解决孩子不肯按时睡觉的问题，却从儿童心理学绪论开始学习，那投入产出比很低；如果我希望跟学物理的男友有共同语言，却从古希腊的泰利斯开始了解物理学，那叫南辕北辙。韩非子说过：“失火而取水于海，海水虽多，火必不灭矣，远水不救近火也。”

这里不是要否定系统性知识或构建知识体系的价值，而是要提醒读者：当知识体系可以更好地完善学习能力、促进思维模式时，才是最应该注重系统性知识学习的时候。

2. 有自己的知识体系一定比没有更好吗？

是的，但需要强调的是“自己的”知识体系。

很多自以为学历高、读书不少的人，其实并没有自己的知识体系，他们对待信息或知识的态度大体可分为三类：一是听风是风、听雨是雨；二是针插不进、水泼不进；三是顺我者点赞，逆我者不看。

有的人今天转发一篇题为《人生就是一杯清茶》的文章，明天转发《你从未真正拼过》，这是第一类人。这样的人去读书，会随着书的内容不断改变自己的想法：今天觉得人际关系最重要，明天立志提升时间管理能力，后天发现情商才是自己最大的短板。

有的人只关注手机上的新闻、八卦、时尚，从不关注知识；他们看电视、看电影、看美剧，从不看书。这是第二类人。这样的人在遇到与原有认知不同的信息时，会很愤怒。永远不要试图说服他。

三八妇女节时，妻子转发一篇文章给丈夫，标题是“为什么女人总是渴望礼物，其实她要的只是一个态度”，丈夫回给妻子一篇“喜欢你的人会为你花钱，真正爱你的人会为你省钱”。这是第三类人，这样的人有可能学识很丰富。他们路遇仇人时，心里会盘算一下，若打得过就说“狭路相逢勇者胜”，打不过就说“忍一时风平浪静”。林语堂说某些中国人“得意时信儒，失意时信道，绝望时信佛”，正是此意。这不叫“把知识拆为己用”，只能说是拿来为自己做出的选择或行动进行合理化辩护。

这三类人的行为都是没有知识体系的表现，看似差别很大，本质却是一样：都没有真正地学习。没有了体系，信息或知识就是一盘散沙。沙粒聚得再多，也堆不成塔，只会成为没有结构、风雨飘摇、随时坍塌的沙丘。

所以，构建知识体系不是因为体系本身有多好，而是因为知识体系能够让人更好地反思、应用和解决问题，让人具备稳定的根基和框架，具备成长思维、批判思维和系统思维，不至于一接收新信息就跟着改弦易辙去了。

3. 自己的知识体系和书上的知识体系是一回事吗？

提到知识体系，大多数人默认的理解是把书的架构、专家的逻辑和学科的体系搬到自己头脑中。这是典型的学院式学习，是以知识为中心的认知。

首先，只是把书读过一遍，根本无法把握书中体系。因为记不住。按照美国教育学家埃德加·戴尔（Edgar Dale）提出的“学习金字塔”（见图 6–1），通过阅读得来的信息，在两周后的记忆

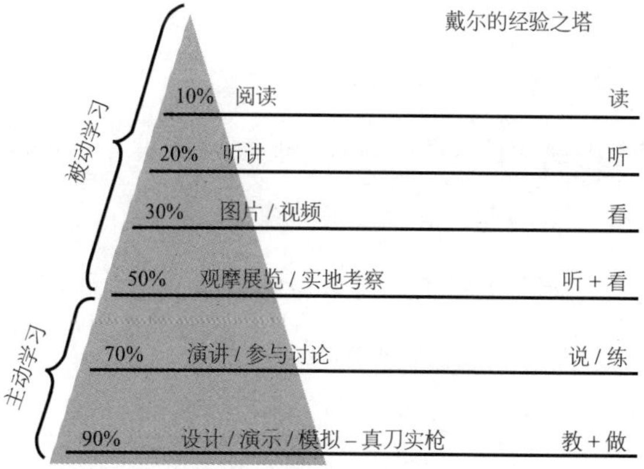

图 6–1 学习金字塔

留存率约为 10%。你能用 1/10 的拼图拼出图形框架吗？不可能。

对于以知识为中心的学习者，搭建知识体系的方法是在空白页写下个人索引，再加工出全书的结构笔记，梳理整体架构，列出基本的大纲与前后篇章顺序。

这也是大部分人对知识体系的理解。如果在某领域做研究，那这是必经之路。但是，从书中照搬知识体系不是成人学习的方法，成人学习要求搭建自己的知识体系。

我们来对比成人学习五大公理加以解释。

一是，书中知识体系构建的“自我导向”与学习者无关。

你知道致用类图书的作者一般从第几章开始写吗？不是第一章。通常是从第二章或第三章动笔，阐释最核心、最具创见性的内容。然后回头去补第一章，以铺陈背景、合理引线、完善系统。最后加上引子或前言。这些对体系的考量对于一本成书来说很重要，但对一位非专业读者并没有什么意义。

最典型的例子是教育类图书。比如，《斯波克育儿经》从孕期讲到新生儿、青春期，从饮食讲到健康、心理，但善于学习的父母只看与自己相关的章节，将之与自己孩子的实际情况结合，吸收相关要点并加工为自己需要的信息框架。

二是，作者永远不如学习者清楚自己的实际问题。

以时间管理为例，很多人宣称自己这套方法是最前沿的时间管理方法，言外之意是它比其他方法更有效。实际上，若不清楚相关的适用边界，即使学习者对某本时间管理类书的体系了如指掌，还是不能很好地解决自己的时间管理问题。而且，这些问题只能自己想清楚，一方面是因为作者经常有可能夸大所讲方法的适用边界，另一方面是因为只有自己才能把自己的情况和习惯考虑进去。比如有人主张记录做每一件事所占用的时间，这个法子对某些人来说轻而易举，对另一些人来说却苦不堪言。

三是，强调书中的体系会导致学习者忽视实践经验和学习动机。

专家研究和归纳出的宏大、缜密的知识体系固然好，但若学习者在相关领域并无经验，那这样的知识体系就只具备审美或逻辑上的价值。彼得·德鲁克在《管理的实践》一书中明确反对大学开设人力资源管理等企业管理课程，理由是学生之前根本没有相关经历，依靠理论学习得来的知识体系，日后在遇到实际问题时还是会手足无措。无独有偶，管理学家亨利·明茨伯格严厉批评高校的 MBA 教学是“以错误的理由、用错误的方法、教育了错误的人”，根源也在于只注重理论体系，忽视了学习者的经验和实践。

另外，若非由“内在驱动”而搭建的知识体系，在实践中可能不堪一击。美国教会里的小孩从小上主日学，很早就熟知基督教教义，但有些孩子到十几岁后，仅因为发现圣诞老人不是真的，整个信仰就崩塌了。究其原因，那些神学知识体系不是他主动思考和追问得来的，只是为了得到家长表扬或讨老师欢心而学，是“外在驱动”的结果。

4. 看书一定比看手机更有利于构建自己的知识体系吗？

如果学习者缺乏分析和整理信息的能力，不能构建自己的知识体系，那看书和看手机都没有多大益处。

书中信息确实比网络信息更加体系化，但书上的体系和自己的体系不是一回事儿。既然如此，那么人们所认为的“多花时间看书，有利于构建自己的知识体系”，就如同“多吃猪脑可以补脑”的说法，是典型的想当然。你以为用更精密的方法（比如列索引、写大纲）看书，就可以形成自己的知识体系了？这就如同依靠吃保健品来维持健康。也许有一定的作用，但真正的健康之路只有一条：自己锻炼。

要想聚沙成塔，沙粒与沙粒之间必须能够连接、黏合。若能够对林林总总、扑面而来的信息进行分析和整理，就可以构建自己的知识体系。所以，信息或知识的碎片化不是问题，能否对信息进行分析和整理才是关键。

归纳一下，若学习能力差，看书和看手机就没有区别；若有一定的学习能力，针对尚无基础的领域，看书比看手机好；若学习能力较强，在该领域发展了属于自己的体系，看书和看手机都可以把知识拆为己用，进一步为自己的体系添砖加瓦。

第四章介绍便签法时提到，由成人学习五大公理可以推导出一个原则：在一切跟学习有关的事情上，反求诸己。现在可以推论，反求诸己意味着：要打造出自己的知识体系。

知识体系让你成为更好的自己

要打造自己的知识体系，首先是内在的修炼，随之才能产生外显的效用。有了自己的知识体系，学习者在以下三个方面会有所提升，而且会不断提升。

第一个方面，引导表达升级的思维，尤其是成长思维、批判思维和系统思维。

成长思维：具备成长思维模式的人认为世界充满了有助于自己学习、成长的有趣挑战。他们寻求学习机会，寻求和利用反馈，问正确的问题，着眼于新的角度观察事物，善于从错误中学习。他们拥抱成长，并帮助他人成长。

相反，成长思维很弱的人在遇到障碍时更容易绝望和放弃：这个世界太不公平了，我实在没有办法了；这个任务太难了，我永远都不行；这个老板太奇葩了，我必须辞职；我嫁错人了，必须离婚……

批判思维：具备批判思维的人习惯追根究底，务求认知全面，判断必出于理据，评价必求公正。他们心胸宽广，能坦然面对偏见，思考谨慎，对待争议了然于心，处理复杂事物有条不紊，搜集相关资料勤奋不懈，选取标准务求合理，专注于探索问题。

批判思维差的人会在盲从他人和盲目自信之间摇摆不定，很容易热血沸腾，很容易莫名感动，很容易被谣言或流言击中。

系统思维：具备系统思维的人，习惯于梳理信息或经验的前因后果和适用边界。他们拥抱复杂世界，超越对事物线性的、一对一的理解模式，构建整体性、结构性、立体性、动态性、综合性思维模式。

系统思维的反面是线性思维，持线性思维的人爱追问标准答案到底是什么，看人非好即坏，判事非黑即白。他们可能是考试高手、读书达人，擅长接收和输入，却很难创造和输出，也无法把一个领域的成功经验有效移植到另一个领域。

显然，强化了成长思维、批判思维和系统思维，也就提升了逻辑思考能力和理性表达能力。具备这三种思维的人演讲时能够丝丝入扣、滴水不漏；著文时可以引人入胜、妙趣横生。

第二个方面，“从零到一”成为专家的能力。

你换了一个新工作，结婚了，生孩子了，开始和公婆一起生活了，被指派到一个全新的岗位……人生就是不断进入新领域的过程，能否快速熟悉并掌握新领域的规律决定了人生质量。而有了搭建自己知识体系的方法论，就能知道从哪里开始，在哪里链接，怎样排序，怎样练习，如何把知识应用于实际工作，又如何透过经验发现真正的问题。

第三个方面，待人接物的智慧。

跟人打交道多了会发现：越擅长学习的人越虚心，越有智慧的人越包容，职位越高的人越好打交道。

自己搭建出来的知识体系是有弹性、可进化的，会在不断接纳和加工新信息的过程中调试和完善，更会随着实际应用和解决问题而生长和成熟。有自我知识体系的人更自信、更虚心、更包容。

便签法：聚沙成塔的好工具

如果把碎片化信息定义为“短小且不成系统的信息”，那么在移动阅读兴起之前，碎片化的信息就已经存在了很长一段时间。大部分讲道理的成语（如“明哲保身”），凝结先人智慧的“俗语”（如“三个和尚没水喝”），都是碎片化信息，甚至有些书本质上就是碎片信息的合辑。

信息的长短或系统与否并不重要，关键是碎片的信息难以带来真正的学习。俗语有“三个和尚没水喝”，也有“三个臭皮匠，赛过诸葛亮”；有“宁为玉碎，不为瓦全”，也有“好死不如赖活着”。成语有“明哲保身”，也有“奋不顾身”；有“轻举妄动”，也有“雷厉风行”……这样的信息碎片看得再多、记得再熟，也不能帮助学习者实现真正的学习和认知的升级。

有人说，拆书是从书中刻意拆出信息碎片。如《组织行为学》这本书，从个体行为讲到团队类型，沟通、领导能力，再到组织系统和组织文化……体系非常完善，但高级学习者会直接翻到自己正头疼的“团队建设”的章节，去贴3张便签。所以总有人嘀咕：便签法是一种碎片化学习方式吧？

恰恰相反。便签法是可以帮助搭建自我知识体系的有效工具。精通拆书法的人就像一位建筑师，从一处借来A材料，从另一处借来B材料，在不同的地方参考不同人的设计，然后为我所用，搭建自己的大厦或高楼。

熟练应用便签法，表面上看是分析和整理信息，促进内化和应用知识，反思和追问经验，实际上是聚沙成塔，构建自己的知识体系。

什么是体系？不是点，不是线，而是网，是立体的网络。

最初，你接收到的是一个知识点（见图 6–2）。

图 6–2　最初接收到的信息

然后，你给这个碎片信息加上前因后果（见图 6–3）。

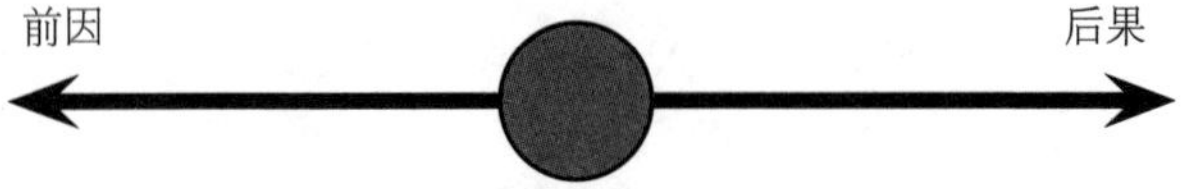

图 6–3　加上"前因后果"后的信息

其后再加上适用边界（见图 6–4）。

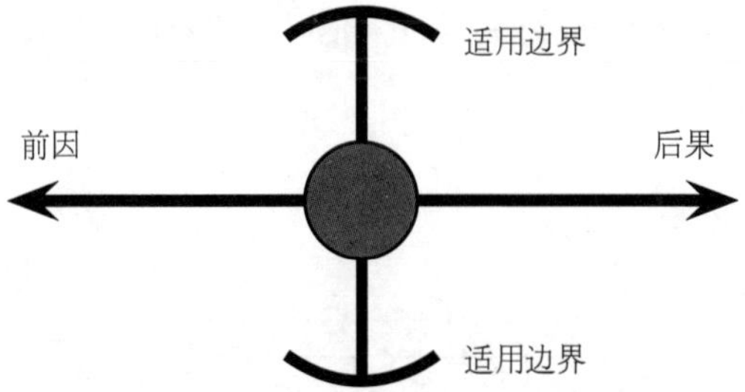

图 6–4　加上"适用边界"后的信息

但这样的信息仍然是线性的，需要再加一个维度，让它变得立体，即与自己关联和互动起来：反思和行动。反思指向过去，行动指向未来。这也就是便签法中的 A1 和 A2（见图 6–5）。

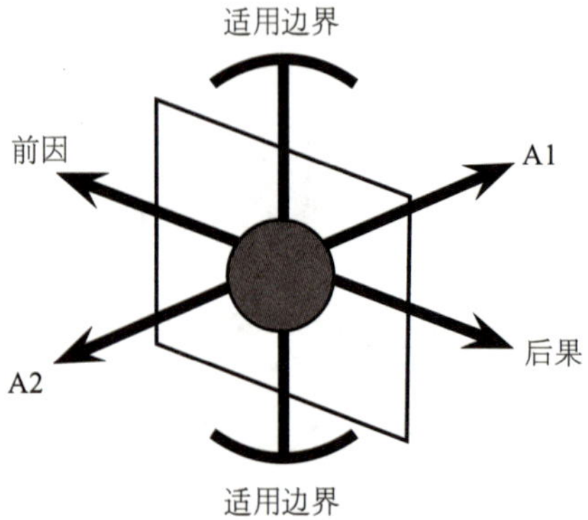

图 6–5　加入 A1 和 A2 后的信息

这就是“举一反三”：为一个信息或知识点构建 3 个维度。加工后的信息不再是一个孤立的点，而是伸出了 6 根触角，等待与其他信息连接。

当你有了多个这样加工过的知识点，不同知识点会相连，互相对接、榫合、支撑，形成一个晶格体系（见图 6–6）。这就是你自己的知识体系。

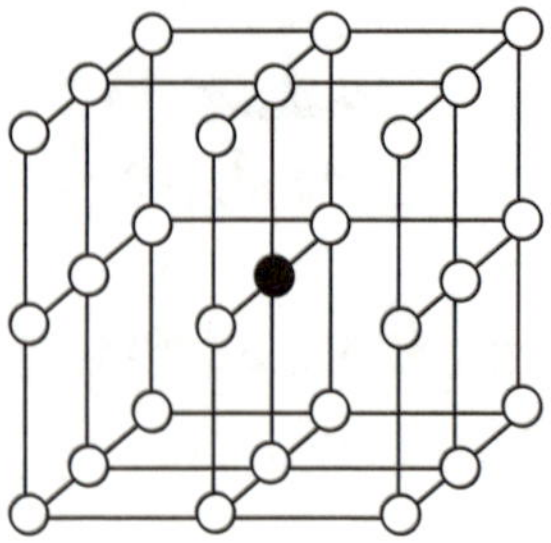

图 6–6　多个知识点结合而成的晶格体系

以下是用便签法搭建知识体系的具体实例。

知识点（信息碎片）：三个和尚没水喝。

信息概括：多人合作很有难度。

前因后果：为什么会产生这种现象？为什么一个人做事不会有问题？因为做多做少都是自己的。两个人就涉及合作，还好任务分工和收益分配比较简明清晰。对于 3 人或 3 人以上的合作，分配任务和收益时，难免涉及公平、感受、关系、性格等因素，于是就会出现偷懒、嫉妒、争斗、政治、帮派、倦怠……

如果问题不解决会怎么样？会使合作失败，或者导致人力组织成本过高。

适用边界：有反例吗？似乎“三个臭皮匠，赛过诸葛亮”就是反例。那么这个信息适用于什么情况？用来提醒人们，不要想当然地认为把人凑在一起就会合作，而是需要精心设计让人能够合作的绩效制度和组织文化，日常应该多关注人的感受和关注点。而“三个臭皮匠，赛过诸葛亮”的适用范围是从智慧、思路、视角方面集思广益的头脑风暴，而不涉及具体合作。

A1：我在工作中见过某部门经理暗中勾结总监，在项目中作梗……某互联网公司努力强调企业文化和价值观，员工人数高速增长，员工保持着较强的凝聚力和战斗力……

A2：我很难改变公司的绩效制度，但我可以增加部门团建的频率和形式。明天打电话问问朋友：除了旅游和吃喝等团建形式，还有什么能让部门同事之间建立更多的感情连接。

于是，“三个和尚没水喝”这样一个碎片信息，延伸出了 6 根触角，等待与其他信息对接。

“三个臭皮匠，赛过诸葛亮”也可以如法加工，这两个知识点不是互斥的，也不是无关的，而是可以对接的。

你可能还会想到“桃园三结义”或者“一个好汉三个帮”，不妨加进来试试。如果你恰巧读到一本介绍博弈论的书，对“囚徒困境”印象深刻，那么在对比、调试各自的适用边界之后，你自己的体系框架可以进一步扩充（见图 6–7）。如此延展，各种相关知识点由不同的前因后果衔接，再由不同的适用边界限定，各自的 A1/A2 互动，就生长成为一个小小的知识体系。

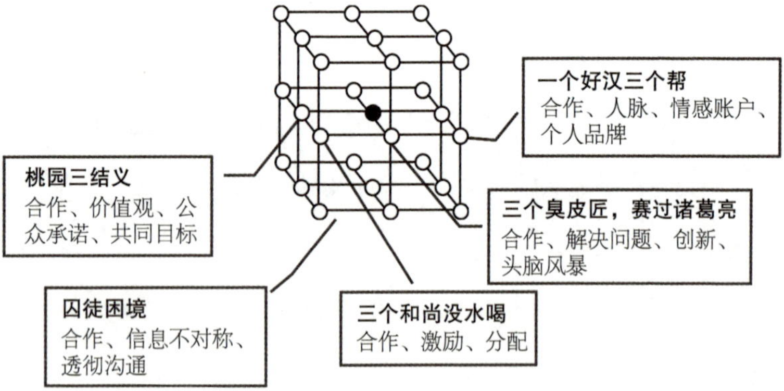

图 6–7　扩充后的个人知识体系

王语嫣教人时，先使用蓬莱派的“韩湘子雷拥蓝关”，再使用青城派的“曲径通幽”，受教之人立时功力大增。这就相当于把不同来源的资料分析、加工后适当地衔接在一起，不再是蓬莱派或青城派的武功，而是自己的武功。

如此聚沙成塔，知识体系的框架就会逐渐庞大。有了框架后，中间用什么填充呢？对致用类知识来说，最佳填充物是案例：自己的案例、书中的案例、真实的案例、编造的案例。

案例是被赋予了意义的经验。经过加工的案例可能是对经验的改编，也可能是对知识要点的延展：同样的事情，用不同的视角讲述，会有不同的启发（反过来也可以说，案例的贴切和鲜活程度，是检验文章或作者认知程度的良好指标）。

对所见所学“举一反三”，就可以把沙粒黏合成砖块。砖块与砖块触类旁通，就能构建出自己的知识体系。当接收到新信息时，将之和已有的框架进行关联，使其相互作用，实现 1+1>2 的学习效果。当应用知识时，因你对适用条件、前提条件和边界条件了如指掌，这些都会相得益彰。

搭建体系的三种思路

先看一个逐渐搭建出自己知识体系的例子。

厉言决心从技术岗位转到销售岗位。有位从事技术工作的同事问他："听说做销售得能喝酒，你行吗？"厉言问他："我也这么听说过，不过，喝酒就能做好销售的原因是什么？有不喝酒也能做好销售的例子吗？前提条件是什么？"同事回答不出，只有祝福他。

厉言去拜访一位老客户，从前他们关系很好。这次厉言在向他介绍公司的新收费保养政策时，摆事实、讲道理、放幻灯片，可那位老客户对待此事有点儿冷淡。

厉言很郁闷，回来请教销售总监。销售总监说："向人推荐产品或服务，重要的不是说得精彩，而是问得巧妙。通过提问，让客户自己想到问题有多严重，让客户自己问你能怎么解决。"

厉言连连点头，赶忙记了下来。厉言继续问："多问比多说更有效的原因是什么？"

销售总监说："因为相较于被告知的事情，人们更在意自己想到的事。"

厉言问："是对所有客户都应该多提问吗？"

销售总监想想说："那也未必。有些客户是关系型的，他们更在意信任。这种客户要快速建立关系，平时多联络。"

厉言记了下来，继续问："这样就有两种做法，对应两类客户了。还有其他方法吗？”

销售总监说：“先掌握这些吧……对了，还有些客户，我们的产品对他来说只是很小一部分，所以他懒得费心。你向他提问，他会嫌烦；你跟他闲聊，他也会烦。这种人更看重省事、省心、便宜。”

这一次聊过后，厉言自己的销售知识体系里多了三四个信息“砖块”，基本清晰了适用边界和前因后果，只等待他去写 A1/A2 了。

后来在工作实践中，厉言发现了一些问题。比如，刚到客户办公室就谈正事，效果不好。厉言想到应该先寒暄一下，但怎么寒暄？他问了几位老同事，还问了一些在其他行业做销售的朋友：“跟不太熟的客户寒暄时怎么找话题，才能让他有话可说、有话想说。”厉言得到了不少建议，并一一甄别前因后果和适用边界。

厉言的实践效果很好。公司请他给全体销售做了半小时的微课分享——以“与客户开场 5 分钟寒暄的 3 个套路”为主题。

厉言的销售知识体系越来越庞大。这个体系里逐渐呈现出几条主线：有关产品和技术的一条线，有关客户问题的一条线，以及如何按照客户类型来选择不同的做法，如何根据见面次数来安排做法……

后来厉言读到一本书——《销售的革命》，他发现书中对客户的分类标准可以补充他已有的客户分类框架，他也发现这本书中有些重点章节（比如战略价值型）对他当前的工作并无意义。借鉴了一些分类思路之后，他的客户分类标准体系更加完善了。

厉言还翻阅了一些跟健康养生、子女教育相关的书，拿其中内容构建了一组新的模块——“在闲聊中赢得客户尊重”。在请客户吃饭时适当提起这些话题，往往会赢得客户的好奇、追问、感谢、钦佩。

对他来说，拜访客户越来越有趣，就像打游戏，虽然不是每次都能赢，但每次都会赚到经验值。

转岗仅5个月，厉言就成了公司的销售明星。首席执行官亲自给他颁奖，销售总监说厉言是他见过成长最快的员工。

这个小案例基本能够说明搭建知识体系框架的3种思路。

一是从问题出发。工作或生活中遇到了问题，去追问反思，去咨询请教，有助于更深刻地理解问题。梳理、总结重复出现的问题，分析其本质，确定其前因后果，在讨论中明确其适用边界，在追问中规划行动目标和具体做法。

从问题出发的最大好处是可以更容易地对不同信息、能力进行赋值。换句话说，能明确对自己最重要的信息。明确书中哪些信息点最重要与明确哪些信息对我最有价值是完全不同的能力。明确对自己有用的信息后，可以很快地在 A1 和 A2 的实践中得到检验和校正。

二是从点到网。针对同事的经验之谈、部门总结的实战技巧、网上看到的短文贴士、翻书得到的名言警句……进行分析和整理，写出一些便签，日积月累，自然会有榫卯合缝的对接信息。

碎片化学习本不是问题的根源，只是大部分人的碎片无法拼接。而善于学习的人，可以将碎片搭成高楼，拼出全貌。

三是从网到点。精心挑选特定领域的一本书，认真梳理这本书的框架体系。慢慢地，把根据书本整理出的便签填充到框架的不同位置，把其他书的知识或各种来源的信息也填充到这个框架，实践中遇到的问题也可以填充进去。

在这个过程中，你会发现框架的有些部分仍然空着，那意味着这部分体系与你无关。你还会发现有些知识点放不安稳，那么有两种可能，一是这个知识点本身的适用边界还不够清晰，二是你借来的这个框架需要升级了。在升级的过程中，你需要不断调整、统筹，组织这些点的关联、因果、分类、边界。这个过程也是形成个人知识体系的过程。

不难看出，这三种思路对应成人学习能力的 3 个维度：追问和反思经验的能力、分析和整理信息的能力，以及内化和应用知识的能力。

那么，哪种思路对构建自己的知识体系最有效？答案就像健身教练告诉你的那样，综合练习效果最好。

当然，你没有必要在每个课题上都建立知识体系，有一两个专精的领域即可，至于其他领域，只需遵循“够用就好”的标准。

个人的知识图景就像一座城市。你要有一个地标建筑，即专精的领域（比如产品经理）。周边有一些较矮的建筑物，即专业相关领域（比如产品经理周边有技术、运营、表达等领域），或个人感兴趣的事物（比如心理学和登山）。这些结合起来就是你自己的知识体系。

还有一些领域也需要构建知识体系，比如，你参加工作了，发现做项目管理和工作汇报是你的短板；你升职了，发现带团队是你的短板；你结婚了，发现情绪管理是你的短板；你生孩子了，发现教养孩子也需要学……这些领域并非专业，也无关兴趣，只是不解决会带来很多麻烦。构建这部分知识体系时，不必建成“大厦”或“宫殿”，只要“经济适用房”即可。无论是从问题出发、从点到网还是从网到点，分析和整理碎片信息，搭建到够用就好。

第七章

知识体系如何搭建？

本章中，我列举了 3 个搭建体系的范例。

另外，这本书本质上也是一个逐步搭建起来的体系。

详细的示范和剖析不仅是为了证明前文关于知识体系的思路是切实可行的，也希望为那些想在知识体系方面进阶的人提供参考。当你一点点搭建起自己的知识体系，并且体系越来越完善、庞大时，你不仅会为自己带来改变，也会对他人产生好的影响。

兰迪·波许教授在他著名的“最后一课”的演讲中提到，他的一个人生梦想是“赢很多毛绒玩具奖品”，他展示了几张自己抱着毛绒熊的照片，表示这个梦想已经实现。“不过，”他说，“我听见有人在念叨，说不定那些毛绒熊是合成到照片里的，或者是我付钱在熊旁边拍照……在这个怀疑主义盛行的年代，我要怎样才能让人信服？我想到了，我可以把这些毛绒熊带给你们看！”然后，他真的带了十几个超大的毛绒熊到演讲现场。

我们的时代越来越向怀疑主义倾斜，因为很多怀疑最终被证明是对的：在镜头前侃侃而谈“成功经验”的名人，被曝料第一桶金全靠背景赚取；开课教人“好好说话”的人，连自身的婚姻都维持不下去；所谓的演讲大师，都是经过包装的，什么主题都能讲，什么话题热门就讲什么……反正说比做容易得多。那么如何向怀疑主义者证明前文构建知识体系的思路不是夸夸其谈？我想到了，我可以把自己搭建的知识体系给你们看。

拆出你的沟通力

2014 年出版的我的两本著作——《拆出你的沟通力 I》《拆出你的沟通力 II》，实际上是一个体系，其中我将沟通力分为 4 组——表达能力、倾听能力、说服能力和提问能力，如同 4 座塔楼，每个塔楼高 4 层或 5 层，逐层往上进阶（见图 7–1）。比如，表达能力的第一层是“事实与观点”，第二层是“条理与组织”，第三层是“生动与打动”，第四层是“受众分析”。

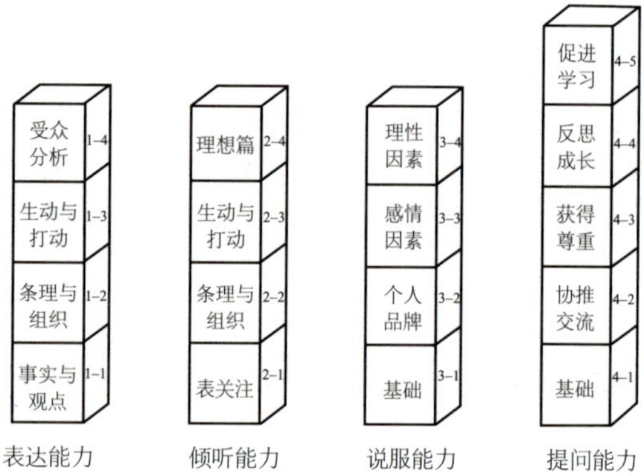

图 7–1　沟通力塔楼

每一层都有若干房间，这些房间可能连接在一起，人们必须先进入一间才可以去往下一间。比如，表达能力中“受众分析”层有4个房间：策划永远从受众出发，分析受众的期望、价值观和利益。而提问能力的“获得尊重”层有5个房间——“把提建议换成提问题”“通过提问让对方自己想到”“讨论中的提问与辩论中的提问”“顾问是怎样练成的”和“考官是怎样练成的”，这些房间是并列的关系，人们可以从大厅走进任何一个房间。

书中刻意保留了加工知识体系的过程。读者可以看到一块块墙砖是从何而来：4组沟通能力（塔楼），分为17章（楼层），共计78节（房间），墙砖来自我从69本书中拆出的100多个片段。

在《拆出你的沟通力I》序言中，我引用了《倚天屠龙记》中的一段，说明我这样拆为己用早有先贤为之。

> 张无忌俯下身来，接续唐文亮的断骨，对常敬之道：“拿些回阳五龙膏给我。”常敬之从身边取了出来给他。张无忌道：“请去向武当派讨一服三黄宝蜡丸，向华山派讨一些玉真散来。”常敬之依言讨到，递了给他。张无忌道：“贵派的回阳五龙膏中，所用草乌是极好的，武当派三黄宝蜡丸中的麻黄、雄黄、藤黄三黄甚是有用，再加上玉真散，唐前辈调养

两个月后，四肢当能完好如初。”[①]

在拆书学院的“知识体系精深营”，我们鼓励学习者如法炮制，对于特定主题（如沟通力、关系力、逻辑力），以“从网到点”“从点到网”和“从问题出发”的方式，用不少于50张便签构建自己的知识体系。

拆书家成长体系

如果你参与过任何一个拆书帮分舵的现场活动，会发现它一点儿都不像读书会，倒有点儿像培训。我们把其中扮演培训师角色的人叫作拆书家，拆书家能够把一本致用类图书轻松加工成一场培训。

拆书帮实际是制造拆书家的“工厂”。从这个意义上来说，拆书帮不是社群，而是制造业。制造业最重要的是什么呢？质量。为了确保拆书家的质量，我们制定了《拆书家成长手册》，其中详细分解了一、二、三级拆书家必备的技能，共包括9个关卡，每一关有特定的技能要求。关卡1–1要求拆书家用3张便签面对观众演讲，时间为10分钟；关卡3–3要求拆书家用60分钟引导和

① 引自《倚天屠龙记》，作者：金庸。

主持一场精彩的现场学习。这种如同通关打怪的过程，需要拆书家花费大量的时间练习，快则几个月，慢则一年多，正是拆书家稳步成长的过程。这是我们设计成长体系的第一个维度。

> 很多拆书家通过这本手册锻炼了技能。这非常像玩游戏时的打怪升级。一关又一关，准备过程的辛苦、赶往现场的奔波，实在令人叫苦不迭，而得到反馈时的感动、通过评估后的喜悦、能力升级后的得意，还有小伙伴们的陪伴和鼓掌，又实在让人喜之不尽。[①]

第二个维度包括师徒制、观察家评分制，以及全国统一的拆书家定级认证体系。拆书家在填写“拆书预备表”时会有师父指点，并能在各方面获得师父的帮助；观察家则会依据现场评审表格判断是过关还是“请大侠重新来过”；定级认证体系标准一致：兰州分舵的 3 级拆书家和广州分舵的 3 级拆书家带领现场拆书的水平是差不多的。

要确保整个自组织机制运转顺畅，还必须有第三个维度的设计：舵主、组织长老、教育长老、会员发展、品牌运营、财务（虽然拆书帮分舵是非营利性质，但总会涉及一些费用），以及每次活动的轮值主席、签到官、拍照侠……各种角色的职责、要求

① 引自《拆书家成长手册》（第三版），拆书帮著。

和各种活动的制度、流程都会在《分舵运营手册》中不断更新。

3 个维度纵横交错，构成了一个完整的拆书家成长体系。这个体系的内在逻辑决定了拆书帮不可能采用互联网会员模式或收费服务模式，只能采用要求严苛的门徒培育模式。这个体系是否成功呢？从 2013 年 4 月 6 日第一次举办拆书帮活动，到 2017 年 6 月，拆书帮一共成立了 22 个正式分舵，还有近 30 个分舵正在筹备中（任何人都可以申请筹备新分舵，平均筹备期约为 9 个月）。截至 2017 年 6 月，共计 900 多位拆书家参加了拆书帮，作为最高水平的三级拆书家的人数增加到了 110 名。

拆书帮用 4 年时间培养出了 100 位拆书大侠，他们是内功深厚的学习促进者，能帮助身边的人学习和成长。

拆书学院：为职场赋能

拆书学院创建于 2016 年，与拆书帮的定位不同，拆书学院是面向职场人的教育机构。学院老师均为全国最优秀的拆书家，并曾在多个城市开设了针对职场问题的系列线下课。如果说拆书帮是培养拆书家的地方，像医学院，那么拆书学院就是拆书家施展身手，帮助普通职场人学习、成长和解决问题的地方，像医院。

职场最常见的问题是什么？

如果在亚马逊上搜索与职场相关的图书，会看到《不会说话，还敢拼职场》《不懂汇报工作，还敢拼职场》《不会管理上司，你还怎么拼职场》《不懂项目管理，还敢拼职场》《不懂主管，还敢拼职场》《这些都不懂，还敢拼职场》《就靠这些拼职场》《你从未真正拼过》……

职场书籍不约而同地以“恐吓”为卖点且大多销量不错，恰恰说明了职场最常见的问题不在于会不会说话，不在于汇报工作，不在于项目管理，而在于自己：不清楚什么对自己最重要，所以只要一吓唬就听话；不清楚自己想要什么，于是别人说什么就是什么。

拆书学院搭建了一个针对职场人的训练体系，分为3项修炼：首先是清晰梦想，其次是赋予能力，最后是释放能量，以及在共同成长的社群中不断汲取和强化成长的能量。从内力到招式，从内蕴到外显，从支撑到点亮，也就是图7–2的火把模型。

不清楚自己真正想要什么的人，要么成为被洗脑的对象，人云亦云地接受别人的规划，或者拿别人的目标当自己的追求；要么以跑赢别人为目标，却总会发现自己前面有更快、更高、更强的人。

清晰梦想、定好目标、做出选择后，需要与之相匹配的能力。有太多人向往远方，却只能日复一日地工作、生活。不提升能力的人，只会哀叹时运不济。

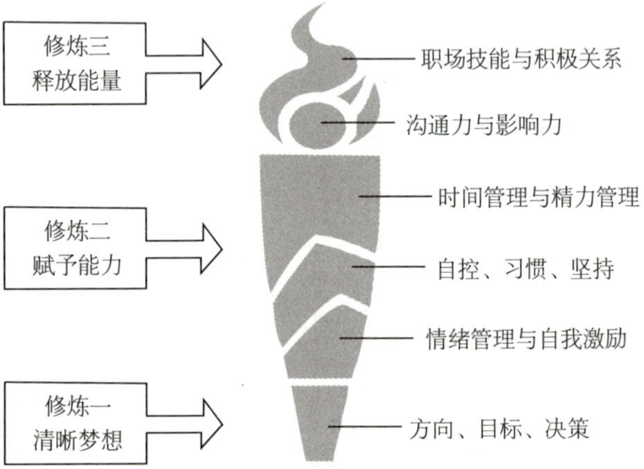

图 7–2　火把模型

定了适当的目标，练了相应的能力，还不足以脱颖而出。从“尽己之力”到“尽人之力”，再到“尽人之智”，需要深度的沟通力和广泛的影响力，需要在职场上释放能量、创造价值，需要在工作和生活的各方面经营积极的人际关系。

真正清楚自己梦想的人不会焦虑和迷茫，真正拥有能力的人不轻易失望和沮丧，真正释放能量的人不会在事业和家庭之间顾此失彼，不会孤独地走在奋斗的路上。

总之，第一项修炼——清晰梦想，包括自我反思和自我引导，需要落实到方向、目标、决策；第二项修炼——赋予能力，体现在自控、习惯、坚持，自我激励与情绪管理，时间管理与精力管理；第三项修炼——释放能量，强调沟通力与影响力、职场技能与积极关系。这是职场人赋能的第一个维度。

第二个维度，通过3~6个月的学习周期，每月2天的线下学习，随课题特性安排有效的成人学习实践，包括拆书、复盘、私董会、知识集市、世界咖啡、小组互助、颠倒课堂、在线任务等，升级思维模式，赋予能力和能量。

第三个维度，虽然赋予能量同样重要，但成长的能量无法由老师赋予。很多“成功学大师”口若悬河，本质上是降低学习者的思维能力以便说服于人，那不是真正的能量。真正的能量只能从连接中来。一块木炭很难点燃，就算点着了也很快会熄灭。但将其放到一堆燃烧的木炭中，就会相互激发，火红旺盛。

3个维度形成合力，构建出一个职场人赋能的体系。这个体系的内在逻辑在于，真正以学习者为中心的学习必须包括大量有意义的互动和连接，从而只能小班开课，每班不能超过30人。同时，这群对自己成长有高要求的人在一起相互陪伴、共同成长的时间不能太短，一般不能少于180天。

拆书学院开课原则：

1. 一定要有现场学习，而不只是在线打卡或收看录像。

2. 一定要小班互动，而不只是大场授课或单向灌输。

3. 一定要在共同的教育理念下规划教学、设计学时，而不只是攒师资。

4. 一定要以学习者为中心，而不是围绕知识学习和记忆。

5. 一定要改变行为和提升能力，而不是满足于努力学习本身。

6. 一定要促成相互信任、相互关怀、相互挑战、相互督促的共同成长文化。

本章示范了3个由我构建出的体系，不仅证明了前文关于知识体系的思路是切实可行的，也希望为那些想在知识体系方面进阶的人提供参考。当你一点点搭建起自己的知识体系，并且体系越来越完善、庞大时，你不仅会为自己带来改变，也会对他人产生好的影响。

如果我可以，那你也一定可以。

第八章

主动学习的境界

掌握了新的学习思路和工具，你应该迫不及待地想要开始学习了，请稍等一下。

如今知识付费火爆，图书和课程的文案比商品广告还诱人，每个课题看起来都不错，每项能力似乎都重要，那你怎么选择要学习的课题呢？

你需要在永不停歇的职场变动中夯实自己的职场核心能力。

明晰如何选择学习课题、如何选书、如何善用移动阅读之后，你就可以进入主动学习的 3 条高速路，享受奔驰前进的成长乐趣。

搭建知识体系可以促进我们主动学习，而主动学习又能帮我们更高效地搭建自己的知识体系。

主动学习就是有输出的学习。输出的形式包括很多：实际应用、案例分析、角色扮演、写作、演讲、教会别人。但对搭建知识体系来说，最有效的3项输出是：

- 对A1/A2来说，最有效的输出是体验与反思。
- 对前因后果来说，最有效的输出是写作。
- 对适用边界来说，最有效的输出是教会别人。

这3项输出产生的效果各不相同而又相互促进，合起来恰好解决了“怎么学”的问题。在那之前，我们先讨论一下“学什么”“用什么学”，也就是学习的课题和学习的素材。

识别自己的核心能力

从逛街式学习到自我导向的学习

在前因后果的 4 类提问中，“后”（以观后效）的提问是：如果问题解决了，会怎么样？如果依从建议去做了，会怎么样？

请再次问自己：通过第五章的学习，我学习能力的 3 个维度都锻炼到一定水平了，会怎么样？你会用这种学习能力去学什么？通过第六章，你明确了构建知识体系的方式，会怎么样？你会从哪里开始构建自己的知识体系？

以上可以归结为一个问题：怎么选择学习课题？

你最近几个月买了什么样的书？为什么要买那些书？你参加过的在线学习都是从哪里得知的？

很多人买一本书是因为看到有人推荐。很多人参加一个在线学习班是因为订阅号推送了课程宣传，看过介绍文案后觉得那就是自己需要的。这样的人花了很多时间和精力学习，但对学习课题的选择却像逛街一样：邂逅某个物品，了解后觉得不错，就买了下来。

你可能会争辩说，最近买的几本书都很好啊。没错，逛街时挑选的物品不一定不好，问题是，好书还有很多，你仅仅因为好而选择一本书吗？你可能还会说，可是我需要那本书啊。没错，可是在看到朋友推荐之前，你知道自己需要吗？仔细想想这个问题，是不是心里会发慌：也许还有很多书是我更需要但还不知道的呢！

就像逛街购物一样，你有购买的决策权，但无法选择未出现在你面前的东西，只能碰到了再判断。所以，我们应该问问自己怎样可以避免逛街式学习，在“学什么”的课题选择上能否实现“自我导向”？

我在一次演讲中讲到，有自己的知识体系就可以不再“风雨飘摇”。有人举手提问，说自己工作6年了，先后换了3个岗位。毕业到公司，先做客服，后来去做报价审核，现在又转到行政部。几经转行，他已经不知道自己的专业技能是什么了，也不知道自己最应该学什么。

我回答他说最底层的东西是相通的，对职场发展来说，最需要学的就是最底层的那套东西。

我给他讲了自己的故事：我读大学时选择的是物理学专业，但毕业后就转行了，进入了阿里巴巴的销售部，十几年后创建了拆书帮和拆书学院。

最近一次跟母亲闲聊时她对我说，她一直觉得我更擅长和人打交道的工作，当年我非要学物理，其实她心里是不支持的。

要我说不是这样的。擅长跟人打交道的人很多，但学习物理可以训练一个人的思维方式和处理信息的能力。

物理，尤其是理论物理，信奉“这个世界是可知的，是有规律的”。对一切他人看来不言自明的现象追问一句“为什么”，并不断延伸逻辑链条，坚持追问下去，这是物理的思维逻辑。比如牛顿，从“苹果为什么会掉到地上”，一直追问、思考，直到把问题升级为“月亮是怎么绕着地球转的”，遂成《自然哲学的数学原理》。

若读过《费曼物理学讲义》，你便能深刻体会到这一点：伟大的物理学家总是在不断追问本质，并在现象和本质之间不断折返，穿越自如。

所以我做销售时，会不断思考“客户到底为什么要买你的东西？”

所以让我去给新员工培训销售技能，我会在具体的话术和销售理论之间、客户表现和心理动机之间不断折返。

所以我在成为一个比较受欢迎的培训师之后，会追问自己：“我教的东西，就其核心知识而言，没有一条是我原创的，基本都是来自我读过的有关管理学、组织行为学、社会心理学的书。把这些书全部买来也就几百元，而企业请我讲课是几万元。我的价值到底是几百元，还是几万元？”这个问题在几年后发展成了

“如何让职场人通过读一本30块钱的致用类图书，达到和参加同主题培训一样的效果”。

正是对这个问题的思考和实践，催生了拆书法和各个城市的拆书帮社群。写书的时候，我希望其中能体现从成人学习现象到成人学习原理、从职场人学习方法论到具体工具的折返，能像那些伟大的科普著作一样，扎实又有趣，好用又好读。

转行最需要的不是及时止损的果断和重新来过的勇气，而是对核心能力的识别和转移。

再看现在的阿里巴巴，那些年我在做的B2B（电子商务中企业对企业的交易方式）业务已基本被放弃。现在的阿里巴巴是淘宝的C2C（电了商务中消费者对消费者的交易方式），是支付宝的在线金融……它早就转行了。但你看任何一本写阿里巴巴、写马云、写淘宝的书，都能看到它转行背后一脉相承的东西。那就是一家公司的核心能力。

再回到之前学员的问题上来，工作6年，时间不算长，也不算短了。未来是快速上升还是普普通通，就在于这几年。你做客服时，培养出服务意识和主动倾听的能力了吗？你做报价审核的时候，面对内部客户，他们会说你比同事更理解他们吗？你做报价审核时，培养出组织计划能力和解决问题的能力了吗？当你转到行政部的时候，在为内部客户解决问题时，有刻意超越他们吗？这些就是最底层的东西，是你的职场核心能力。

所谓核心能力，是一组特别的知识体系。每个岗位都需要核心能力，只是配比不同；核心能力对每个人都重要，只是有人认识不到。

所以，避免逛街式学习，在“学什么”的课题选择上实现“自我导向”的关键是：识别自己的核心能力，找到与目标岗位要求的能力之间的差距，有针对性地选择学习课题，再用主动学习的方式强化自己相应的核心能力。

变中求不变

移动开发、新媒体运营、电子商务、网络游戏、产品经理……这些今天炙手可热的行业和企业，在十几年前，要么根本不存在，要么完全不成气候。十几年前那些钱多事少、惹人艳羡的行业，如银行、国企、医院、房地产、超市卖场，早已风光不再，如今看来也就是一份普通工作。

我们所处时代的变化速度超过之前的任何一个时代，我们怎么可能跟得上呢？虽然不少人有转行的想法，但隔行如隔山，即使我们再努力，也没办法学到现在还不存在的行业知识啊。

别慌！

这里必须提到高中代数题最根本的解题思路：变中求不变。

《你的降落伞是什么颜色？》一书中有这样一句话：“如果你要换工作，不要太囿于从前的工作职位，去尽力发掘自己拥有的能力，然后将这些能力组合成新的形式，找出可以运用这些能力的工作。”

比如，有一个半辈子都在哥伦比亚广告公司做节目制作的人，他每天要看几个小时的资料和影像，并将数小时的采访资料剪辑成一段 28 分 40 秒的节目。为确保内容能够抓住观众的眼球，并让他们愿意看下去，这个人培养出一种能力，能够把各种资料整合为一个完整的故事，然后以最能吸引观众的方式讲述出来。

其实很多行业都需要这种能力。后来这个人转行了，并聪明地把这种能力用在投资回报率最高的领域——辅导企业 IPO（首次公开募股）路演的演讲。这个人就是著名演讲大师杰瑞·魏斯曼（Jerry Weissman）。

25 年来，魏斯曼凭借着他多年来在影视行业培养出来的这种能力，指导了 500 多场 IPO 路演的演讲。思科董事会主席唐·瓦伦丁（Don Valentine）说：“思科公司在 IPO 路演中大受欢迎，以每股 18 美元成功售出 280 万股，其中至少 2~3 美元的股票要归功于魏斯曼。”

所以，隔行并不见得就如同隔山，只要你找到其中最深层的、不变的东西——职场核心能力（Key Competencies，简称 KC）。

如果说表现在具体职位上的技能就像武侠小说中的招式，那么职场核心能力就是一个人的内力，内力深厚的人可以轻松驾驭任何门派的招式。

《你的降落伞是什么颜色？》一书中把不同工作需要的通用能力总结为3类：对信息、对人和对事物。

20世纪90年代澳大利亚举国推行的教育改革围绕着“与工作相关的核心能力”展开。所有与工作相关的能力都可以归入7类核心能力，分别是：

- 沟通表达的能力；
- 信息处理的能力；
- 运用科技的能力；
- 计划组织的能力；
- 解决问题的能力；
- 团队合作的能力；
- 数学概念的能力。

具体的分类虽然不同，但方法论是一样的。也就是说，无论时代变化多快，岗位变动多频繁，职场人需要具备的核心能力是不变的。只要把握住不变的核心能力，就不用担心被时代淘汰。

这世界变化快，又何必弄明白。“内力”练好了，大可不必追赶时代，时代的浪潮会围绕着真正有能力的人转。

拆书帮职场核心能力体系

借鉴前述的研究结果，拆书帮把职场核心能力分为 4 组，每组 5 项能力，合计为 20 项（见图 8–1）。

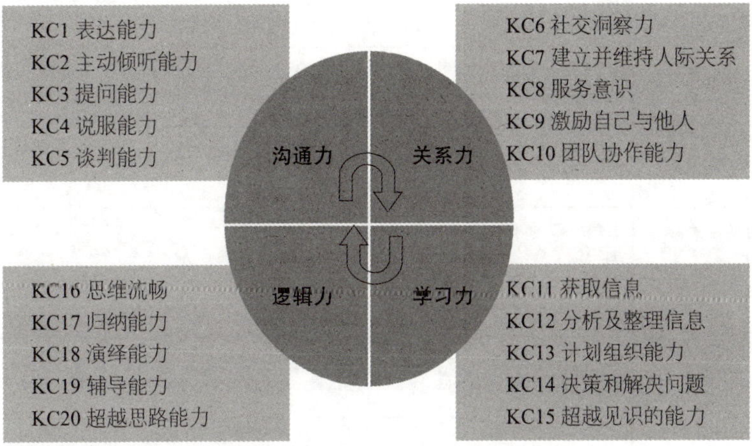

图 8–1　拆书帮职场核心能力分类

具体能力分类及说明见表 8–1。

表 8–1　各项核心能力的具体说明

能力维度	能力点	说明
沟通力	KC1 表达能力	有效传递信息，包括口头表达、肢体语言和运用工具等能力
	KC2 主动倾听能力	理解他人，包括他人未明确说出的动机和目的等

（续表）

能力维度	能力点	说明
沟通力	KC3 提问能力	擅长通过提问来探求信息、展示专业、引导话题、获取好感等
	KC4 说服能力	说服他人认同、购买，或改变别人的想法、行为
	KC5 谈判能力	拉拢大家，解决分歧
关系力	KC6 社交洞察力	敏锐捕捉他人的情绪和反应，理解他们为什么这么反应，并能根据他人行动调整自己的行动
	KC7 建立并维持人际关系	与他人建立建设性的、合作的关系，并能长久维持
	KC8 服务意识	以对方为中心，努力理解对方，主动寻找帮助对方的方法
	KC9 激励自己与他人	具备较强的成就动机，执着、自信、乐观，并能感染他人，影响他人的态度
	KC10 团队协作能力	与他人有效交流，为了共同的目标努力
学习力	KC11 获取信息	观察、接收或从各种相关的渠道获取信息，并评估信息质量
	KC12 分析及整理信息	追问前因后果，清楚适用边界，通过探询、分类、评估、排序、鉴别（不同之处或相似之处）、察觉变化来确定信息
	KC13 计划组织能力	确立具体的目标和计划，充分利用时间和资源，排出优先顺序，并监控和评估自己的表现
	KC14 决策和解决问题	澄清并界定问题、分析背景及原因，选择最佳解决方案，并跟进和评估结果
	KC15 超越见识的能力	能够应用自己专业及客户行业的最新科技及知识
逻辑力	KC16 思维流畅	就指定主题可以产生大量点子（重要的是数量，而不是质量、准确度或创新）

（续表）

能力维度	能力点	说明
逻辑力	KC17 归纳能力	将零碎信息整合为一般规律，包括找出貌似无关的事物之间的关联
	KC18 演绎能力	把一般规律用于特殊问题
	KC19 辅导能力	确定他人学习需求，设计培训和辅导项目，辅导、指点他人
	KC20 超越思路能力	能够预见问题，能够给他人提供更好的解决方案

这是一组特殊的知识体系。之前我们说，每个人的知识体系就像一座城市，一两幢摩天大楼成就你的专精，周边较矮的建筑群成就你的广博，还有随时建起的经济适用房满足你的基本需求。那么，职场核心能力体系就像市政公共设施，如城市路网和各类管道，不太容易被注意到，但任何一项过于薄弱的市政公共设施，都会严重地制约城市的发展。

想要强化任何一项职场核心能力，都可以应用拆书帮便签学习法去添砖加瓦、累屋重架，正如第五章所说，经验经过反思和追问，可沉淀出信息。信息经过分析和整理，才能升华为知识。知识经过联结和行动，才会内化成能力。行动带来新的经验，阅读带来新的信息，反思带来新的知识……

总而言之，如果你很清楚自己当下该强化哪座“建筑”，那就去规划相应的学习。如果你不是很清楚，千万不要逛街式学习，最好核查自己的“市政公共设施”，看哪方面需要加强。

选择比勤奋重要

解决了“学什么”的问题，再说“用什么学”，也就是学习的素材。

用以学习的素材无外乎3种：知识、信息、经验。

知识相对系统、权威，来源通常是经典图书或专家课程；信息相对碎片化、灵活，来源通常是网络或他人建议。经验主要是自己的经历、问题、实验、观察。

3类学习素材中，经验没什么可选择的，但知识或信息的选择很多，且差别极大。正所谓“君子慎始，差若毫厘，谬以千里”。

每个人都知道牛顿的物理学成就，他发现了三大运动定律和万有引力定律，并总结出《自然哲学的数学原理》。其实，牛顿一生中花了更多时间研究化学，写了上百万字的笔记。之所以少有人知道他这方面的工作，是因为那些笔记全是错的，几乎毫无价值。

这位伟人在化学方面竟然还不如今天任何一个初中生，其间差别显然不在思维能力，而是信息来源不一样：牛顿是基于当时一些炼金术士的作品开始实践和思考的，我们则是从化学课本中得到基本框架的。

一个人无论智力如何、学历多高，在学习和成长上能犯的最愚蠢的错误就是在有优质知识的地方“摸着石头过河”，或者舍弃优质信息（如优秀图书），沉迷于劣质信息（如不适合自己的书或微信写手炮制的文章）。

牛顿限于时代，不得不如此，他已经尽力找到当时最系统的化学知识，而今天的很多人却不懂得也不重视如何选取优质的、适合自己的知识或信息，实在可惜。

成人学习的选书技巧

首先，还是区分以知识为中心的阅读、兴趣类阅读和致用类阅读。前两种情况相对容易选书——以知识为中心，只要选择相应领域的经典之作就好，去豆瓣查查，再问问行家，很快可以找到；兴趣类阅读，闻着味去找就可以，充其量买来后不对胃口，那也浪费不了多少钱。最复杂的是致用类图书的选择，比如你升职后在管理方面有些困惑，我给你推荐斯蒂芬·罗宾斯的两斤多重的《管理学》（第 13 版），你肯定不会满意。

打个比方：第一种情况的阅读像求学拜师，你可以很轻松地找到最好的大学、最牛的大师（找到后能不能跟上是另外一个问题）；第二种情况就像看电视或下馆子；第三种情况则像挑选对象：首先不能是败絮其中的人，但也不见得高富帅或者学历最高的就最适合你。

这里只谈致用类阅读的选书技巧，分为3步："海选""相亲""过日子"。

第1步，"海选"。先从问题出发，从自己出发，确定要学习的主题。比如时间管理，通过搜索、询问、看亚马逊书评（对致用类图书，亚马逊书评比豆瓣书评可靠一些），找到这个主题相关的十几本书，大概了解下，剔除若干本（这里的要点是"筛选"，而非"选拔"），把其余的都买下来。

第2步，"相亲"。海选下来，买的同主题致用类图书少则四五本，多则八九本。别在乎那几百元买书钱，也别等到打折的时候再买。在学习上，尤其是在明知道对自己有用的学习上，省小钱是最傻的。你不会等医院打折再去看病吧？

书到手后，要求自己用一两个小时全部翻阅一遍——每本书花10~20分钟。这个过程非常像相亲，不需要特别了解有哪些高效的相亲方法，只需要清晰目标：选一个目前对你而言最适合的"人"。这个"人"只有你自己觉得对眼，才能算数，其他人说了都不算。

第3步，"过日子"。开头一定不要同时读好几本书，那样反而不利于建立自己的知识框架。对选定的那一本书，认真地阅读。

起码在一段时间里，你只读这一本书。

用便签法拆为己用，可以只拆目前对自己有用的知识点，也可以用书的框架“从网到点”开始构建自己有关该主题的知识体系。

过一段时间之后，可以再找出没选上的那些书，随便翻翻，看有没有值得拿来做便签补充的内容，并丰富现有框架。

3 步中最容易误判的是“相亲”。这一步有个技巧——问“媒婆”，即问这个领域的专家或拆书家。不是简单地问关于这个主题应推荐哪本书，而是告知对方自己的具体情况。对方若真是专家，会判断你的问题的前因后果，斟酌你的适用边界，为你量身推荐。当然，即便是“媒婆”推荐来的，也要自己再判断一下。

案例：选好一本书，惠及千家店

有一家叫作快鱼服饰的企业，总部在杭州，全国有 2 000 多家直营店。快鱼服饰在招聘时有一个要求：“男女不限，女生优先；城乡不限，村镇优先；工作经验不限，无工作经验者优先；学历不限，初中优先。”所以快鱼店员基本都是初中学历的小姑娘，快鱼店长最头疼的是对这些 95 后店员的管理。95 后店员非常难管理，比如，昨天跟男朋友吵架，今天就不来上班了；过年买不到回家的火车票，就一个星期给顾客脸色；若被批评，立即走人，连辞职信都不写。快鱼董事长饶忠明先生请我给店长们推荐一本书。

我想，这本书不能太厚、太专业，毕竟店长们大多也是初中学历。我请拆书家们集思广益，有人推荐《一分钟经理人》，有人推荐《周一清晨的领导力》。最后，武汉分舵的教育“长老”推荐了一本书，我们认为非常合适。这本书是《如何说孩子才会听，怎么听孩子才肯说》。这本书主要讲如何让孩子感到自己的情绪被接纳，如何让孩子主动配合，如何促使孩子主动成长……与管理95后店员的常见问题非常契合。

快鱼服饰把一些店长拉进微信群，我们派一位拆书家进群指导，教给她们便签法，提醒在A1中必须写自己在工作中的相关实例，在A2中要去规划自己在管理中的相关目标和具体行动。最终，每位店长都加工出了上万字的便签，并结集成电子书。这几本电子书在2 000多位快鱼店长中传播，成为实用、好用的店员管理实操手册。

快鱼服饰的实例表明，适当选书、问道于人并拆为己用能够创造真正的学习价值。

成人移动阅读的学习技巧

人们总说，应该少看手机多看书。其实，这样的说法一直存在。10 年前的说法是，应该少看电脑多看书；20 年前的说法是，应该少看电视多看书；40 年前的说法是，应该少打扑克多看书。人们似乎总是本能地贬低新生事物，现实中则一边享受着新技术的便利，一边感慨着从前的好时光。

一个朋友在微博中说："其实我是个特能坚持的人，晚上无论多困，都能再坚持刷半小时手机。"这当然是笑话、是反话，说明了我们对手机又爱又恨的状态。那么怎么样才能让移动阅读为我所用，又不至于让自己成为手机的奴隶呢？

我对移动阅读时代抱有乐观的期待。

从社会政治史的角度看，人的自由思想是如何来的？在中世纪，欧洲的国家政权和教会系统都会要求人们对各自绝对效忠，两方的张力迫使人们开始思考不同观点的适用边界，于是逐渐产生了自由思想，即启蒙运动的萌芽。

有意思的是，近代科学的启蒙运动也是源自对适用边界（前提条件）的探寻和反思。比如，在没有摩擦力的情况下，物体会保持直线运动或静止（"没有摩擦力"是边界条件）。又如，一个理想弹簧必然遵循胡克定律（"理想弹簧"是前提条件）。再如，远低于光速的物体运动符合牛顿第二定律（"远低于光速"是前提条件）。

所以，对于新信息有无追问其适用边界的意识，是判断头脑是否经过启蒙的标准。

在移动阅读时代，各种受欢迎的朋友圈文章，转的都是离开剂量谈毒性的“健康建议”；各种“有趣有料”的学习类自媒体，卖的都是“我早就看清了，你听我说结论就好”的“大力丸”；各种声称“让几亿中国人读书”的新媒体读书会，给的都是“20 分钟给你听一本书的精华”。

学习能力差的人热爱干货，因为不用思考，只要“效忠”就可以。

大多数学习类自媒体和所谓的知识 IP 之所以能流行起来，是因为有太多渴望学习却未经启蒙的头脑。

所以，关于移动阅读的建议是，先取消关注一切营销公众号和售卖干货的平台。很多人对入口的食物非常慎重，却对入脑的信息不加分辨。他们小心翼翼地辨别食物是否有农药残留，是不是转基因，是不是用地沟油烹制，订阅号和朋友圈里却充斥着写手炮制的文章。

其次，善用对比来帮助分析与整理信息。对感兴趣的课题，用关键字搜索，找到相关主题的两三篇深度文章。若这些文章都出自真正的专家，那么不同的观点背后是不同的思路或视角，对比阅读这些文章，会极大地帮助我们理解前因后果、清晰适用边界，最终帮助我们更有效地内化和应用。

我对移动阅读的乐观态度正源于此，虽然移动阅读导致碎片化信息量大大增加，但稍加提醒，人们就会发现不同信息之间的“矛盾”：今天主张“谷歌的人性化管理”，明天讲述“华为的军事化管理”；一篇文章称“互联网时代的营销彻底颠覆了传统营销”，另一篇说“互联网时代的营销本质没有变”；一个公号鼓吹“KPI已死，OKR当立”，另一个公号则叫板“OKR不是绩效管理革命”。不同信息间的张力会逼得人去思考和追问。前因后果在追问中得以明确，适用边界在对比中得以清晰。

毕竟，自由思考源于中世纪的人们听到不同的信息后，不得不去思考各自的适用边界。而在移动阅读时代，我们可以主动寻找不同的信息，主动锻炼自己构建知识体系的能力。

经验和反思是最重要的知识

体验反思

经验加上反思，是最重要的知识。

——查尔斯·汉迪

对于知识体系中的A1/A2，最有效的主动学习是“体验反思”。（本书中，我们将“体验”和“经验”当成一回事。在学习的当下，A1是过去，A2在未来。随着时间的推移，行动形成了体验/

经验，再加以反思，规划新的 A2，于是不断体验和反思。）

人们都推崇实战经验丰富的人为权威。其实，实战经验本身说明不了什么。

比如 5 个孩子的妈妈不一定更懂教育，她可能把错误的教养方法重复了 5 遍，或者她虽然在某些方面做得不错，但并未分析和整理过，于是把对自己孩子有效的经验当成真理，而不考量适用边界。

类似地，一位成功的互联网创业者去一家传统的制造业企业讲管理，可能会是一场灾难。因为在这个行业做得越久，他的思维角度、观察视角和对一些事情的认知就会固化，会把特性的事情当成是共性的，会把一些有隐含前提条件的事情当成是理所当然的。

再如，民营企业的老板跟一位在外企做得很好的职业经理人聊天时，觉得这位职业经理人讲得太对了，于是高薪聘请到自己的公司。其实，这位职业经理人并没有深入了解民营企业的具体情况和企业文化，也就无法深入反思自己的成功经验主要依靠外企完善的制度和流程。当适用条件完全不同时，照猫画虎带来的是完全不同的结果。

所以，比经验更重要的是高质量的反思。无论是第二章说的“体验反思循环”，还是第五章提到的“库伯学习圈”，都强调经验与反思不可偏废，知与行要相互促进，形成循环。

在拆书帮 RIA 现场学习中，拆书家除了催化学习者 A1、A2 之外，还要精心设计 A3，促动现场演练，比如案例分析、场景演练、小组协作、角色扮演……设计“在学中用、即学即练、现场反馈”的学习环节，其用意也在强化体验反思。

在大量教学相长的实践基础上，我们还发现，若有条件，还可以再加上 A4 和 A5。

A4 是“在用中学”，最佳形式是一群人在限时（比如 1 个月）的条件下，一起实践同主题的 A2，具体可以是个性化的目标，也可以是与 A2 同样的任务，大家要互相督促。

A5 是“复盘”，大家约定在 1 个月后共同对实践情况进行检核、讨论和深入反思，然后，再校正目标、调整行动。

如果加上 A3、A4、A5，能够加倍促进学习者体验反思循环的效果，这 3 项学习最好在一个“学习共同体”中进行。若是主动学习能力较强的学习者，自己也可以做。有些致用类图书，作者会特别给出阅读任务或要求。学习者按照方法记录也算完成了 A3。如果自己记录行动情况，刻意寻求反馈或指导，就算完成了 A4。至于 A5，最好在学的时候就添加日历闹钟，计划在 1 个月之后，拿出几个小时反思核查、校正调整。

写作

写作是非常高效的主动学习，尤其有助于强化对知识体系中前因后果的梳理。

对致用类学习来说，写作包括写卡片和写文章。

一次，美国的老友发给我一张他女儿写作业的照片，她面前摆着上百张卡片，蔚为壮观。我好奇地打听了一下，原来是在写历史课布置的论文。美国高中历史课的论文是这样写的：先定一个主题，确定论点，然后针对这个主题提问、查资料、阅读相关书籍、回答这些问题。查资料的过程中要不断用卡片记录。老师特别要求不能记在电脑上，必须用卡片。一篇论文要多少张卡片呢？九年级要求至少 70 张，十年级要求不少于 100 张，十一年级要求 180 张以上。最后写论文的时候，基本就是把卡片推敲排序、连缀成文。

无论是科研还是写作，很多人都曾推崇过卡片法。纳博科夫、钱锺书等大师之作也都是源于一张张卡片。C.S. 刘易斯说，他有很多写作计划，但不知道哪个会实现、哪个不会实现。“我的书常常是在我整理抽屉的时候写成的”，因为会翻到很久以前写下的卡片，发现现在可以连缀、增补成书了。

虽然有很多人推崇卡片法，但几乎没有人说明卡片应该怎么写，只强调要多记、勤记、定期整理。其实，只是摘录原书或记录随感的效率很低。

3 张便签就是现成的卡片。在对便签法的基本规则和标准比较熟练之后，你可以试着找感觉：在写便签时，想着这张便签以后可以作为写作灵感或者写作素材。

I 便签可以记录文章观点或论述要点，A1 便签可以记录很现成的案例（实际写作时再改编），A2 便签记录接地气的目标和应用，不要总在理论或理念层面打转。如果你也希望写出来的文字能从现象到原理不断折返，从方法论到工具穿越自如，扎实又有趣，好用又好读，那么将 3 类便签加工为一篇篇短文章（几百字即可）是极好的锻炼。

刘易斯的做法是把卡片放在抽屉中，我们不妨也给便签找一个抽屉：把对写作可能有价值的便签，用手机拍下来，存放到你最常用的笔记软件中，如印象笔记、为知笔记、有道云笔记等。记得定期整理。

上面说的是如何写卡片，再来说说如何写 1 000 字以上的文章。文章字数较多之后，通常不会只有一个知识点。第四章讲到把相关知识点通过前因后果、适用边界、A1 和 A2 链接榫合在一起，成为自己的知识体系。写长文章，就是这个过程的外显化。

史蒂芬·平克说：“写作之难，在于把网状思考用树状结构体现在线性展开的语句里。”这句话非常精到，通常“线性展开的语句”就是前因后果的不断延伸。所以写作会极大提升我们梳理前因后果的能力。

如果你想练习致用类写作，可以借鉴“四步成文法”。

第 1 步：立意。先有一个核心信息（你对某事的观点或建议），为它加工前因后果、适用边界和 A1 和 A2。然后试着调整这些要素的顺序（试试先讲故事 / 案例怎么样），问问自己是先推销问题还是先推销解决方案。

第 2 步：扩充。添加一个相关（相近或相反）的信息点，可以是横向延伸的信息点，也可以是纵向延伸的信息点。然后综合考虑两个信息的关系，各自的前因后果怎样相联，不同的适用边界有何区别。

日后笔力渐强，你可以增加更多的信息点。信息点越多，写法会越发复杂，但是基本思路并无不同。

第 3 步：推演。包括引证（图书和权威）、举例（自己或他人的 A1）、支流（枝——节外生枝，引——引人入胜，横——妙趣横生）……

第 4 步：包装。包括增加故事（考虑细节和冲突），增加趣味（常用热点和文化），升华主题，润色文笔……

看完“四步成文法”，你可能还是似懂非懂。再写个 A3 吧：

请翻回到本书第三章“如何正确地提问？”那一节，那是一篇相对独立的文章。你试试能否用“逆向工程”，猜测我是怎样用“四步成文法”写出那 2 800 字的。

而关于写作，最重要的建议是：现在就开始写，尽可能多写。

不妨再写个 A3：请在如下 4 则信息中任选 2 则，依照上述步骤，写一篇 1 000 字以上的文章，发布到简书或新浪微博，并加上“《这样读书就够了》写作作业”的标签。

信息 1：“书到用时方恨少”；

信息 2：“百无一用是书生”；

信息 3：“书中自有黄金屋”；

信息 4：“读书贵精不贵多”。

你可能已经注意到，很多热门网文并不符合上面的要素，往往只就一个点展开，通过讲故事、举例子渲染情绪。这类文章往往有前因而无后果，经常把假设当真理，完全不提适用边界。不必困惑，只要理解这类文章的写作目的即可。热门网文的唯一目的是赚取流量，而我们这里说的写作，主要是为了帮助我们自己提升主动学习的能力——通过输出强迫自己深入思考，尤其是反复梳理前因后果的逻辑链条。如果通过这样的写作增加了影响力或者赢得了粉丝，那是意外之喜。

教会别人

第三章讲到，学习者的最高境界就是学习促进者，因为“最好的学习方法是教会别人”。现在，我们来看看教会别人到底是怎么帮助我们自己学习的。

首先，教会别人与写一篇好文章一样，需要深度加工你输出的信息；其次，相较于写文章，教人的门槛更低、机会更多、灵活度更大；最后，教会别人的过程有助于自我强化对知识体系中的适用边界的界定。

认真分析与整理过信息的人一定会发现，界定适用边界的4类问题最难回答——很多时候自己不能马上想到反例或相关信息。但通过教别人，可以在现场获得反馈、提问、质疑和挑战，这些都有助于你进一步想清楚适用边界。

如果你把自己看作学习促进者，在思考适用边界时，一定会多问自己几个问题：

> 适（适得其反）：有没有反面的例子？如果我要教会学习者，他们可能提出的质疑或挑战是什么？
>
> 用（使用条件）：考虑成本收益，考虑态度能力……要这样做，具体需要哪些条件？在什么情况下这些条件是不管用的？学习者在加工A2时会遇到什么困难？

边（旁敲边鼓）：有没有接近的或看起来差不多的信息？其他人 / 书 / 领域如何看待类似问题？学习者可能会将之附会为旧知吗？

界（楚界汉河）：无论是相反的还是类似的信息，和这个信息的真正区别是什么？交界在哪里？我怎样跟学习者清晰地说明其区别？

划线部分为多出来的 4 个问题，是学习促进者自然会有的思维方式。每一位拆书家都可以做证：养成读书时就想着如何教会别人的习惯，会大大提升对适用边界 4 类问题的思考质量。就算自己想不到，学习者也会帮你想到。

这里有一个我自己的例子。

有一个亲子教育的图书拆页需要我带大家拆，其核心信息是：让孩子自己选择，并让他承担选择的后果。

在准备“拆书预备表”时，我加工了一些例子，用来帮助学习者理解。（如果你一定要摸热水杯，就会被烫到；如果你不能在 5 分钟内穿好衣服，就不能出门玩；如果你不收拾好玩具，这些玩具就会被锁 1 周。）

看着这些例子，我想现场有人可能会问，“承担后果”和被惩罚有什么不一样？

这是一个关于“边”（旁敲边鼓）的问题——学习者容易将新信息“承担后果”附会为旧知“惩罚”。

原书中并没有提到这点，所以我必须自己思考。最后我在讲解内容中加入了如下内容：

> 我们发现，承担后果实际有两种，一种是自然后果，另一种是人为后果。
>
> 你一定要摸热水杯，我劝解无效，不拦着你，你被烫一下，这是自然后果；你不好好吃饭的话，就没有饼干可以吃，这是人为后果。
>
> 人为后果和惩罚有点儿像，主要区别在于前者一定是在事前说明，让孩子清楚后果后再选择，而后者则常是在事情发生后才会出现。

准备到这样的程度，我比较放心了。没想到，后来在拆书现场讲到这里时，马上有人举手提问：那人为后果是否就是“恐吓”？

这是一个“界”（楚界汉河）的问题，怎么跟学习者说明“人为后果”和“恐吓”的区别？书中没有讲，我事先也没有想过，只能临场发挥。

> 呃，有点儿像，还是有区别吧。恐吓更接近于为了达到

让孩子听话的目的而吓唬孩子，所以说的事情通常带着严厉的威胁或夸张的表达，即使孩子真的没有做到，往往也不会实施或实现。而“人为后果”是必须会实施的。

通过回应提问，我对这个知识的理解又深了一层。

之后的 A 环节，我给出了孩子不听话的几个情境，请大家讨论如何应用刚刚所学的方法去解决。演练结束做总结时，又有人问道：自然后果和人为后果哪个效果更好？

这又是一个“界”（楚界汉河）的问题，我一时没想好，就使出拆书家的技巧，问有没有人能回答这个问题。

很快，现场有一位妈妈给出了精彩的回答：

> 我认为，人为后果和自然后果可以相互转化。
>
> “你不好好吃饭，就没有饼干可以吃。”这是人为后果。
>
> “我家没有任何饼干和其他零食，你不好好吃饭，下午只能饿肚子了。”这就成了自然后果。
>
> 两种都是让孩子承担自己选择的后果，我们根据自己家孩子的情况，他更吃哪一套，就用哪一套呗！

我带头为这位妈妈鼓掌。因为这个提问和她的回答让我对这个知识点的适用边界想得更加透彻了。

几个月后，我再次有机会带拆这个图书拆页，把之前积累下来的经验都内化进来了：我把“承担后果”和惩罚、恐吓的区别，以及人为后果和自然后果的区别都加入到了讲解内容中。现场再也没有意料之外的问题，因为他们没有想到任何反例或相关信息，我都已经讲清楚了。

我并非亲子教育专家，但这样教过两三次后，以这个知识点为起点，我串联组合起了若干个育儿相关的知识，算是搭建了一个小小的体系框架。将这个方法应用在我的两个孩子身上，效果奇好！

有过这样的经历，再去翻阅另一本经典育儿书《如何说孩子才会听，怎么听孩子才肯说》，会注意到书中近 1/3 的篇幅是“答疑”，那都是两位作者在 20 年间通过教别人积累出来的经验。我猜测，书中至少还有 1/3 的内容，也是在不断教别人的过程中整理、积淀而来的。

希望这个例子清楚地解释了为什么教会别人是主动学习的最高境界。

布置一个 A3：本书对你最有价值的内容是什么？能否创造一个机会把它教给别人？请策划并写下你的讲解内容。

做一个有梦想的行动家！

“生活不止眼前的苟且，还有诗和远方的田野。”少年总是被这样的句子打动，然而这些词句对我不再有影响。因为我知道，在感动过后，大部分人依旧苟且于生活，也依旧幻想着大海、星辰以及诗和远方，而很少有人清楚自己到底想追求什么，只能用“诗和远方”这样听起来很美却完全不知所云的字眼。

诗以言志，若无志向，就不过是牢骚、感慨而已。远方何方，若无指向，那不过是逃避此地罢了。

少年哼唱，那意象可能代表了理想。若人到中年还为之热泪盈眶，恐怕只是活得太悲凉。

不如去看奥斯卡最佳影片《聚焦》（*Spotlight*），里面描绘了一群明确自我追求的人的日常工作。

电影取材自真实事件，讲述《波士顿环球报》“聚焦”报道组的编辑和记者披露美国天主教试图掩盖神父性侵儿童的丑闻。几乎所有影评都会提到导演的沉稳冷静，用近乎纪录片的理性和克制展示这群人的工作日常。

他们不写诗，他们用一个又一个小时去深究，用一天又一天去访谈（采访时笔记本不能放在桌上，而是两手在桌下记录，眼睛始终盯着受访人）；他们不谈星辰大海，他们步履沉稳地走在自己的征途上（“报道这样的故事，就是我们选择这一行业的原因”）；他们不仰望星空，他们低头策划具体的策略和做法（不是揭露一个个神父，而是对准那个体系）；他们不谈远方，他们只是要用报道事实的方式让自己的城市或自己的母校变得更好一点儿。

他们不是梦想家，他们是行动家。

但他们从事的是任何行动家都梦想的工作：能发挥自己的能力，符合自己的兴趣，能帮助人、产生影响力，在收入上有尊严，在社会上受尊重。

可惜中国的普通职场人很难在一份工作中同时获得所有的回报。最多是能在工作中获得其中几项回报，在“业余活动”中获得另外几项回报。

工作之外，有人玩游戏，有人跑步，有人热衷于户外活动，这些几乎都只关乎兴趣，而和工作仍然是割裂的。

理想的状态是现在的业余活动能为未来的自己带来更多选项。

拆书帮能让你在“通关打怪”和“乐在其中”之余，锻炼多方面的能力。第一，辅导能力、表达能力，具体可延伸为某本书带来的能力；第二，在这个社群里，见到更多不一样的人，可以大大拓展自己的职场宽度，以及未来的高度。

所以来拆书帮吧！

在拆书帮，做学习促进者能帮助人，做三级拆书家可以增加影响力。至于能否实现收入提升，获得社会尊重……问这么多，不如先行动。

这个世界从来不缺梦想家，但行动家才值得我们喝彩。

拆书帮不是你的诗和远方，拆书帮陪你走在行动的路上。

第九章

拆书家——做一个学习的促进者

拆书家是主动学习的最高境界。

拆书家可以通过教会别人从而让自己得到最好的学习，可以把一本书加工成现场培训，也可以帮助身边的人搭建知识体系。

“拆书”不仅是一个理念，也不仅是一系列综合技能，而是要成为一门新的专业。拆书帮就是要打造一批全新的教育行业“专业人士”，拆书家们通过促进自己和他人学习，将教育的时空拓展到毕业之后和学院之外，将教育的诉求转移到反求诸己和能力提升上。

一种新的“专家”：拆书家

学习科学的大量研究表明，成人的最佳学习方式并非独自练习，而是在情境中学习。有效学习是进入相关情境，找到自己的“学习共同体”。

——安德斯·艾利克森，《刻意练习》

前一章中，为了说明“教会别人”是最好的学习方法，我列举了自己带拆“让孩子自己选择，并让他承担选择的后果”这一拆页的例子。我最早是怎么接触到这个主题的呢？并不是通过读书，而是通过一次现场学习。

儿子就读的幼儿园每月会有一次为父母开设的讲座，其中一次的主讲人是来自美国加州的一位退休教师 Craig（克雷格）。

他所分享的内容来自一本书——《用爱与逻辑教育孩子》（*Parenting with Love and Logic*），这本书强调的原则之一是让孩子自己做选择，然后承担自己选择的后果。在这个原则下，父母应该对孩子用“可实施性的表达”（enforceable statements），而避免提醒、说教和威胁。因为提醒意味着对孩子说你不用自己动脑子，我会替你记着的；说教意味着你一遍不听也没关系，我会再说几遍的；威胁意味着以牺牲爱和安全感为代价来换取听话。

Craig 还列举了一些书中的例子，比如，不要说“不吃完碗里的豆子就不能离开餐椅”，而说“你可以选择吃完豆子，下午还有你喜欢的饼干，你也可以选择不吃豆子也没有饼干”；不要说“快点儿把玩具收起来”，而是说“现在开始收玩具，5 分钟后，还留在地板上的玩具，妈妈会锁到箱子里一周”。

我总算理解了什么是“可实施性的表达”。比如，“不吃完豆子就不能离开餐椅”，这种表达就不具备可实施性，因为孩子可能在餐椅上坐 1 个小时，直到父母受不了了，最终放他下来。

最后，Craig 设置了 5 个场景，让在场的父母们分组讨论和练习。比如，“逛商场时你的孩子一定要买某个玩具”，“孩子不肯洗澡和睡觉”……这些都是每个父母为之头疼过的事，所以大家都练习得很投入。

回家路上，妻子问我，这次活动算不算拆书。我说，算拆书，但 Craig 的做法和拆书家有所不同。

首先，显然他认为需要具备某种水平的专家才能带领这样的学习，否则他若觉得非专家也能带拆这本书，那就不必绕半个地球亲自来到北京分享了。

其次，他的演讲技巧非常娴熟，节奏和幽默感都很棒，但在演练环节的控场和引导做得一般。比如，在进行场景演练时，在场的父母们讨论得很激烈，但大部分的焦点都集中在“有什么法子可以解决孩子不肯洗澡和睡觉的问题”，而不是“我如何在这个场景中尝试应用‘可实施性的表达’这个新技能”。两者之间的区别很微妙，却很重要。

回到家，我翻出《拆书家成长手册 V3.0》，给妻子看技能要点讲解中的这样一段文字：

> 拆书家要特别留意一种偏差，就是学习者把讨论和演练的目标误解为解决场景问题，而不是在场景中应用所学技能。这两个目标并不矛盾，但侧重点不完全相同。
>
> 在拆书家们的实践中，A3 环节出现这种偏差的概率很高。拆书家给定的 A3 场景越是贴近学习者的经验，越让学习者感

同身受，学习者就越倾向于讨论场景问题本身的解决方式。

如果拆书家发现大家在讨论中出现了偏差，就要及时澄清，说明我们演练的真正目标不是解决场景中的问题，因为可以有很多方法解决这种问题。但请大家务必应用刚刚在 R+I 环节学到的方法，用在特设的场景中，这样才能实现 A3 的目标：激励学习者在现场就开始应用新学技能。

依据成人学习原理，从学习者的学习效果来说，一位合格的二级拆书家应该比教了一辈子书的 Craig 做得更好。不是因为拆书家的经验更丰富，而是因为他刻意锻炼过拆书的专业技能。正如一位年轻的咨询顾问可以给予资深企业管理者有价值的建议，是因为他具备咨询顾问的专业技能和水准。

“把一本致用类图书加工为一场培训”的理念不难理解，但只有这个理念并不能成为拆书家，拆书家有相应的技能系统，在这个意义上，拆书家是学习促进者，也是专业人士，而拆书是一个新的专业。

没有拆书家拆不了的书

经常有人问我这样一些问题：“不同的人对同一个段落的理解

会不一样，那是不是拆解也会不一样？”“《红楼梦》能拆吗？”“我读这段故事的时候，完全没想到这些问题，那我就没法做自己的拆书家了吧？”

所有这些问题都可以通过理清和区别所要拆解的图书类型来解决。不同种类图书选取片段的方法、备课的思路、讲解的要点有所不同，对拆书家的能力要求差别也很大。

我们把致用类图书分成 4 类，即实用类、理论类、叙事类和其他类。

当然，你可能会觉得小说或者科普作品不属于致用类图书，但只要你的目的是学以致用，又确实能够拆解出对工作和生活有指导性的内容，那就可以把它当作致用类图书。

不同类型的图书，主要差别是知识的萃取方式不同，这种差别会影响知识拆页的确定、备课和讲解，但不影响激活、促动、催化和点评。换句话说，主要是筹划阶段和 R 环节不同，I 环节和 A 环节之间没有太大差别。

实用类图书侧重解决问题，通常强调实战、贴近现实、案例较多，往往就某类问题直接给出建议。比如前文提过的《卓有成效的管理者》《追求卓越》《高效能人士的七个习惯》《如何阅读一本书》等，本书也属于实用类。

理论类图书侧重概念，比如教科书，体系完善、论述缜密。

另外也有一些介绍某领域最新研究成果的图书，比如《引爆点》《黑天鹅》等。

普遍来说，实用类会比理论类好读一点儿、薄一点儿，但也不全是如此，比如理论类的《引爆点》就比实用类的《如何阅读一本书》好读得多。一本书好读与否主要与其信息密度有关。

叙事类图书，如人物传记、通俗历史、小说等，感性内容多于理性内容，有人物、事件、情节和前因后果，读起来轻松，更容易引发感慨而不是行动。本书中引用的《乔布斯传》《杜拉拉升职记》等就是叙事类图书。广义上说，电影、电视剧和谈话节目也算叙事类。

最后一类是其他类，在拆书帮中，如果从一本书中拆解出的知识和指导和作者原意不同，我们称之为“其他类”。

显然，对拆书家来说，最容易备课的类型是实用类，而理论类、叙事类和其他类则较难，自由度也较高。不同拆书家拆解同一本实用类图书时，差别不会很大，但拆解叙事类和其他类书就因人而异、见仁见智了。

接下来是针对 4 类图书确定知识拆页、备课以及讲解方法的介绍和示范。

实用类图书

确定知识拆页

在实用类图书中，确定知识拆页的方法比较简单——找建议、找黑体字。

对此，实用类图书都会给出具体的行动建议，拆书家在选定拆页的时候只需要从这些建议中选择即可。有的书会把建议部分用黑体字标示出来。

书中还会有大量的案例、解释、前因后果的说明、适用条件的限制、细致入微的指导，等等。这些内容不用刻意复制给学习者，如果有必要，在讲解部分由拆书家口述即可。

备课

选择好原书拆页之后，复印或扫描包含完整建议的页面，一般不要超过 2 页纸。

准备案例时，如果书上的案例已经足够清晰、典型和生动，那么可以直接选用书上的案例。另外，还应该自己准备一两个案例，在你充分理解该建议适用的情境之后，要自己联想、加工。因为相对于作者来说，你的经验和背景与学习者的经验和背景会更相近一些。

这个加工案例的过程可以理解成“翻译”的过程，就是把作者的案例翻译成你的案例。

比如在一本关于销售的书中，作者列举了一个美国人到4S店买汽车的例子，通过这个案例说明客户说出来的需求不见得是他真正想要的。倘若你们是销售ERP（企业资源规划）软件的公司，那你就应当把这个案例“翻译”成某个典型客户采购ERP软件的案例，通过这个案例讲清楚同样的道理。

又如，在一本讲谈判的书中，作者列举了一个美国和以色列在戴维营谈判的案例，用来说明条件交换的技巧，那你可以把它“翻译”成购买二手房时如何交换条件的案例。示范和讲解时采用案例，是为了帮助学习者理解知识，所以如果让学习者因为难以理解案例的背景信息而增加了学习难度，就得不偿失了。

讲解

通常情况下，因为实用类图书已经给出清晰的行动建议，所以不需要太多讲解。不妨多关注前因后果：为什么这么做，这么做了之后会如何，等等。

之所以要讲解原因，是因为人们在知道原因后，做一件事的意愿会更强。彼得·德鲁克在《卓有成效的管理者》中曾论述，对于体力工作者，只需要告诉他“把凳子搬到那边去”“把砖搬过来”

就可以了，而知识工作者大多希望别人告知自己为什么要这么做。实用类图书在给出建议之前，往往会用比较长的篇幅介绍为什么要这么做（前因），你只要用自己的语言把你对这部分的理解表达出来即可。

另外，告知人们遵循这个建议行动之后的结果（后果），会让学习者更愿意行动。你跟一个女孩子说“嫁给我吧，因为我爱你”，这是不够的。你还得跟她说“结婚之后我会给你幸福”。同样，学习意味着要改变自己以前的习惯、思维方式和行为模式，所有尝试过的人都知道这是一件很不容易的事，因此你得让他知道这样做之后会有什么好处，或者不这么做会有什么坏处。

理论类图书

确定知识拆页

在理论类图书中，拆书家要找出作者的主要结论，总结核心理念，然后在讲解中将之转化为建议。

一本优秀的理论类图书的核心价值在于，它会提出一些其他人未明确提出的观点或理念。

一本行为心理学教科书可以分解为：行为心理学是什么，研究它的意义是什么，它应该由哪些部分组成观点，以及每个部分的最新研究成果汇总。其中，大部分内容对于学习目的和指导应用来说都没有太大的意义，拆书家需要做的就是找出那些对我们有指导意义的观点或理念。

比如，《引爆点》讲的就是一些流行事物的共同规律，书中有大量感性内容，但拆书家只需要找出核心观点所在的页面即可。

备课

确定知识拆页之后，理论类图书备课的主要挑战是把观点或理念转化为建议。转化需要 3 个步骤：

1. 谨慎地理解原文的含义，一定要在上文下理中读懂作者的观点，避免断章取义。

2. 充分了解作者给出这个观点或理念的背景，同时思考自己的实际状况，与作者的背景有哪些相同之处，又有哪些不同之处。

3. 在以上两个步骤的基础上，对那些背景相同的观点，可以直接应用，给出建议，而对不同或已发生明显变化的观点，需要进一步提取观点背后的原则，然后根据自己的情况给出切合的应用性建议。

把观点转化为建议之后，理论类图书加工案例的难度也会略大些。这类书中的案例可能会更抽象，或者干脆没有案例。比如心理学类的书，运用的案例大多是关于得出这个结论的实验是怎么设计和进行的，以及结果是什么。

《引爆点》以美国独立战争中的一个人物为例说明个别人物法则，要把这个例子改编为营销案例，难度就大多了。所以，在这种情况下，更好的备课方式不是直接“翻译”，而是通过书中案例充分理解观点或理念之后，再用这个观点或理念创作一个案例。

讲解

除了让大家理解观点或理念，讲解更重要的是把握各个理念的应用。相对而言，理论类图书需要更多的讲解，更加侧重于对应用的指导。切忌只讲理念，不接地气，大家听完之后频频点头，觉得你说的都对，觉得作者太深刻了，但就是不知道如何跟自己关联起来。

我们拿对《引爆点》的一段拆解来说明怎样把理念转化为对学习者的行动建议：

R 阅读原书拆页

对于联系员认识的人来说，他们具有很重要的作用。

他们应该是大家不费力气就能找到的人，因为不论什么原因，他们在不同领域、不同亚文化社会以及不同职位的人群中都占有一席之地。……他们之所以能跨入许多不同的领域，是其天性在发挥作用，这种天性集好奇心、自信心、好交际和活力于一身。

他们眼里的世界与我们看到的世界不一样。他们能发现许多可能性，而我们大多数人却忙于选择自己喜欢的朋友，排除自己看不顺眼的人或住得很远的人，或者我们多年都未曾谋面的人。而联系员却喜欢所有这些人。

I 拆书家讲解引导

作者写作此书的时候还没有推特、脸书或微博等社交媒体，不然他可以更简明直观地介绍：一般的社交媒体用户，关注的人数也就 50 人左右。只有少数微博用户具备

"联系员"的特征，即：①他关注了300人以上；②他的粉丝数和关注数差不多；③他经常与关注的人联络（转发或评论）；④他乐于介绍人们互相认识。

所以，有些粉丝数量超10万甚至超100万的用户，并不符合上述所有条件，他们只是名人，并不是"联系员"。

你关注的人中有符合这些条件的吗？如果有，请每次上网时去他的主页看看，发表一两句评论。让他记得你、关注你，跟你成为朋友。

当然了，微博只是一个例子，在现实生活中同样有"联系员"的存在。

A 学习者拆为己用

请从你认识的人中选出符合"联系员"特质的人，并参照上述条件描述他为什么是"联系员"。

如果这个人还不是你的"好朋友"，请规划如何与他建立交往，在3个月内和他成为好朋友。

最后，你希望成为"联系员"吗？如果希望，你需要规划自己的行动。比如：给张涛打电话，问一问上次他提到的岳母住院做手术的事情怎么样了；给王二发邮件，让他把儿子的满月照片发来看看。

每次和人聊天时，都可以想想介绍对方和谁认识，比如，可以这样说："我突然想起来，我有一个朋友也刚去青海旅行过，你们肯定有很多可聊的。他的微博账号是……"

叙事类图书

确定知识拆页

拆解叙事类图书的前提是，拆书家个人的归纳能力、演绎能力和知识储备已经达到一定高度：别人看到的是故事，你却能从中得到启发；别人关注的是情节，你却能联想到我该怎么做；别人看完后感叹，你看完后却能超越。

对于叙事类图书（小说、传记、历史等），拆书家可以从如下4个方面寻找可供学习者拆为已用的片段：

1. 找人物做得好的地方。
2. 找人物做得不好的地方。

3. 超越人物表现，看原则；脱离通常的好坏评价，从结果和利益的角度来评价；考虑人物的动机。

4. 找冲突。找那些凭借自己现有的经验和知识储备也无法解释的地方，找那些和自己的想法、做法不一样的地方，找那些和大众的想法、做法不一样的地方。

在实际操作中，大部分叙事类图书的拆解过程是这样的：你阅读到某一段，心有所感，于是停下来思考，然后想到了曾经在其他书中学到的知识，想到了自己过去的经验，这就相当于给你大脑中已经储备的知识加了一个案例。还有一种可能是，你由这个故事联想到了其他事情，然后把这几件事结合起来，深究其本质，从而得出一个具备广泛意义的观点或建议。

在读到让你有所感悟的内容之后，一定要用自己的语言把你得到的启发或推演出的指导性结论表达出来。这些内容将成为讲解的核心。

最后，不同的人从同一段故事中得到的启发或指导性结论可能不一样。就像前面章节示范的《杜拉拉升职记》片段，如果换一位拆书家，可能思路就会完全不一样。这很正常，只要逻辑自洽、结论有效且能够转化为学习者的应用，就没有问题。

备课

选择最能够体现出这一启发或指导性结论的原书片段，复印或扫描下来。如果是叙事类图书，很有可能你选择的拆页会让学习者觉得突兀，没有前因后果，不知道这个故事到底在讲什么。这没关系，在讲解时口头介绍下相关的背景即可。

在你总结的启发和指导性结论的基础上，加工和演绎自己的案例。这时，你挑选的原文就变成了一个案例。

讲解

学习者在阅读有情节的内容时，一般都会先关注前因后果。拆书家如果想通过讲解引导大家关注某个特定知识，通常需要概括和提炼内容，让学习者觉得“确实是这么回事儿”“我怎么没想到”，而不觉得牵强附会。

对叙事类图书的拆解，较高的境界是富有乐趣却不流于表面，故事久远却能联系到眼前，源于一点却能带出一面，启发琐碎却能阐释系统。

拆书家可以直接给出某个特定知识，也可以通过提问一步步引导学习者加工出结论。后者的效果要好得多，当然，这对拆书家的提问能力和现场反应能力的要求也较高。

学习者在回答提问时往往容易含糊其词，这种回答就无法加工出清晰的结论，需要拆书家继续追问。比如，拆书家可以向学习者提问："你认为你读的这一段故事体现了什么技巧？"如果学习者回答："我觉得是以退为进的技巧！"这时，拆书家就必须追问："以退为进是高度概括，是归纳。归纳的好处是方便理解和记忆，但不容易变成你自己的应用。那么以退为进的具体体现是什么？"

顺便提一句，对叙事类图书的拆解方法，也可以沿用到对电影、电视剧和对话节目等影像资料的拆解上。

当你能够不假思索地把所有叙事类内容拆为己用的时候，你就达到高级学习者的最高境界了。

其他类图书

> 一部《红楼梦》，单是命意，就因读者的眼光而有种种：经学家看见《易》，道学家看见淫，才子看见缠绵，革命家看见排满，流言家看见宫闱秘事……
>
> ——鲁迅，《集外集拾遗〈绛洞花主〉小引》

划入其他类的图书，不代表其不可以被纳入前面 3 类书中，而是拆书家对这本书的拆解思路不同，可以称之为"说者无心，听者有意”式的拆解：你得到的启发，或者你作为拆书家希望学习者得到的启发，和原书叙述的内容不是一回事。

比如，我们把一本育儿类图书拆解为对沟通力的指导，把一本健康科普类图书拆解为对逻辑思维的训练，通过分析作者写作的手法来拆解出说服人的技巧……

所以，“其他类图书”可遇不可求，不是拆书家故意要找一本其他类图书，而是在读某本书的时候产生了联想——这段内容可以用来讲另外一件事啊！

举例来说明：

R 阅读原书拆页

全面评估一个人，看3个方面：智商、性格和情商。

这是我们大家都拥有的3种不同特性。它们一起决定了我们如何思考和行事。根据其中一项来推测另外两项的情况，几乎不可能做到。有人可能很聪颖，但情商很低。而各种性格的人（内向或外向）都可能拥有高情商或高智商。

这3个特性中，智商和性格比较难改变，只有情商是可以塑造、能够改变的。

情商对成功有多大影响？非常大！最好的方法是专注于能获得最佳结果的方向努力。我们测试情商的同时，也评估另外 33 种重要的职场行为，结果发现，情商与大多数职场行为有关联，包括时间管理、决策和交流。情商是许多重要技能的基础，它几乎影响着你每天说的每一句话、做的每一件事。对想要成功的人来说，情商实在是很重要。无论如何工作，人们的工作表现 58% 取决于情商指数。

情商是在工作场所表现出的最大的可预见因素，也是领导力和个人能力表现优异的最强驱动力。

无论人们的情商指数高低，他们都可以通过努力来提高自己的情商。

情商与收入紧密挂钩：情商指数每高出 1 分，年收入就会增加 1 300 美元。这个发现适用于全世界各个阶层、各种不同工作的人群。我们还没能找到任何一种工作，其表现和收入不与情商紧密相关。[①]

① 引自《成功 EQ 密码》，作者：布拉德伯利。

I 拆书家讲解引导

致用类图书的第一章通常是介绍该书写作的背景、重要性等。这本书也不例外。各位拆书大侠可由此得出情商的重要性，从而对后面的内容充满期待。你可以把这段文字当作一个非常出色的、可以影响他人的思路。比如，如果想让潜在客户重视你推荐给他的东西，可以从这几个方面来设计说辞。

首先，应该从 3 个方面考虑；其次，阐述这 3 个方面的关系（具备详细论述的能力，以便让客户信服你的专业性），说明最能影响结果的一项是什么（也就是你的产品能达到的效果）；再次，用数据和图表解释这一项为什么能够对结果产生如此大的影响，用调研结果说话；最后，阐述做到这一项（使用我们的产品）之后的实际效果，比如，“每使用一天，结果就多出……。这个结果适用于您所在行业的任何企业。我做这一行的销售 4 年零 6 个月了，还没有发现任何一家企业……”

A 学习者拆为己用

网友“fangtai”的拆解

策划一项促销活动，要考虑产品的特性、客户群、区域特点、效果，还有资源支持（如经费、人员、终端或经销商，甚至领导等），往往最重要的是客户和效果，有了这个，才能说服领导，得到支持，才能仔细考虑更多活动细节。所以，策划一项活动，首先要深入分析市场需要和活动能达到的效果，这样才能顺利开展，获得支持并取得成功。

拆书家点评反馈

我们来看一看你的拆解案例：第一，全面，这个因素有了。第二，重点，这个因素有了。第三，这些因素中哪些是可以改变的？改变的条件是什么？针对这部分的分析欠缺。

就你这个例子来说，你会发现，“效果”其实不是你能改变的，你能改变的是过程（促销活动的地点、时间、内容、赠品等）。

这样分析下来，你就会知道：想要“说服领导”“得到支持”，关键不是告诉他效果会怎样，而是详细说明你这次打算怎么改变，让他相信这次应该会比以前效果好。

网友“少爷958”的拆解

概括、演绎是两种锻炼思维的方式。我也来试试！

天天坐在电脑前处理这样那样的文件，身体难免会出问题，从而阻碍正常工作。若你想一如既往的精力充沛，就必须做点儿什么。

你可以从如下3个方面考虑：

1. 换工作，找一个不用久坐的工作；
2. 每天抽出时间做体育活动；
3. 改变现有的坏习惯，慢慢调养身体。

显然，换工作是为了不再继续坐着，以防健康状况继续恶化；体育活动可以让身体强壮；而改变坏习惯则有助于可持续发展。

但是，换工作并没有那么容易，而体育活动会占用你更多的时间。相比而言，改变生活中的一些坏习惯，在工作中养成好习惯，于工作中改善身体状况，一举两得，是最好的选择。

其实很多疾病并不一定需要靠吃药治疗。例如你感冒后吃药了，病好了，但是在空调房里待了一晚，又感冒了。这是习惯问题，假如改掉了这个习惯，就不会轻易感冒了。

今天我带来了一本《白领身体保养》(自己编的书名)，书不厚，但实用，里面讲述了许多白领常见的疾病以及相应的自疗方法、生活习惯的改变等。它不会占用你太多时间，在工作中就能做到。根据读者的反馈，一般按书中的方法试行 1 周之后，读者都会有焕然一新的感觉，而坚持 1 个月之后，就自然而然形成了习惯。

拆书家点评反馈

非常好的一段销售说辞！

这就是方法的力量。按照这个模式，无论是向人推荐一本书还是一个产品，都能达到让对方更重视、更信任、更有兴趣和信心的效果。

参照原文你会发现，在最后一段还可以更详细点儿，拿具体的数字来说话。“我给 7 个人送过这本书，其中 5 个人都在 1 个月后给我打电话，说效果太好了……”

通过这个例子，我们可以理解“说者无心、听者有意”的其他类图书拆解法了。

拿《红楼梦》来说，曹雪芹一定想不到自己的著作可以引申出这么多阐释。其实鲁迅描述了一种由对文本A的解读或诠释衍生出B的文学现象。这是很有意思的事情，人们怎么有能力读出作者没有呈现的内容呢？或者说，人们怎么能看着A讲出B来呢？其实，B原本就在人们心中，不过是借A得以展现罢了！

小结

现在，本节开头的问题就容易回答了。

拆书家主持一本书的拆解时，从实用类、理论类、叙事类到其他类，难度逐级上升。但从学习者的学习效果来说，不见得与拆解难度成正比。所以，读叙事类图书时若联想不到启发，也不影响你成为一个拆书家，只要先拆实用类和理论类图书就可以。

拆书家作为学习促进者，能够非常高效地锻炼自己的学习能力和演绎能力。达到更高的境界后，拆书家就可以在4类图书中游刃有余。无论是读小说还是读杂志，都能洞察本质；无论是看电视还是看电影，都可以举一反三，从各类图书中拆解出对自己或学习者有实际帮助的知识。

针对叙事类和其他类图书，不同的拆书家可以萃取不同的知识和指导，正如不同人读《三国演义》会受到不同的启发一样。这并没有什么问题，无论萃取的知识是什么，只要演绎合乎逻辑，知识坚实清晰，指导能够解决实际问题、帮助学习者提升工作能力（而不仅仅展现拆书家的博学或增加学习者的知识），就是很好的拆书学习。

在拆书帮分舵里，我们要求新手拆书家从实用类和理论类开始修炼。在完成《拆书家成长手册》的全部关卡、掌握三级拆书家的所有技能后，再尝试叙事类或其他类图书。循序渐进，走好拆书的每一步。

拆解：如何提高职场力？

在拆书学院的“知识体系精深营”，拆书家帮助学习者初步搭建核心能力的知识体系。怎么搭建呢？仍然用便签。要求每位学习者在 1 个月内完成至少 50 张便签，搭建出在这一项核心能力上的“最小规模的架构”。

每项核心能力都是我们要用一生搭建、装修和扩容的高楼。所谓“最小规模的架构”，就是搭好地基，建好四五层楼的粗框架，其中有一两层基本已经建好，房间里还要简单地装修一下。这个架构体现为 50 张便签，即相互之间有关系、有逻辑，用前因后果相互连接，用适用边界相互界定的50张便签。

今后，我们看书、看手机时如果得到了一点儿启发，就写3张便签。我们在工作中遇到问题时，就追问问题的本质，设定解决的目标和行动，写3张便签。然后把这些便签加入适当的位置，以此来扩容你的大楼。

拆书家如何把知识转化为某项职场核心能力呢？我们举几个例子来看看。

示范一：拆解出KC4（说服能力）的RIA

R 阅读原书拆页

人们着实喜欢震惊的感觉。这样在一个新的事实面前，他们才更容易答应你的要求，因为这样他们保住了面子。

当你帮助别人发现了新的事实，他们就比较容易做出新的决定——跟从你。因为这会使你的说服对象松一口气，他们能够确定过去的选择都是基于已有的信息。现在他们知道了这个新的信息，即使做出一个不同于以前的决定，也会感觉好一点儿。①

① 引自《说服你其实很简单》，作者：凯文·霍根。

I 拆书家讲解引导

这个图书片段可以拆解出 KC4（说服能力）。

关于你的产品（或服务），你可以跟客户阐述哪些事实？这些事实对他来说是全新的，还是可能会让他有点儿惊讶的？

既然是说事实，就必须有细节，不能笼而统之。客户不知道 A 汽车的钢板厚度是 1 毫米，B 汽车的钢板厚度是 1.2 毫米，但现在他知道了，又如何？1 毫米和 1.2 毫米这一事实是不会让他“震惊”的，但如果告诉客户当时速在 90 公里以上，发生冲撞事故的话，A 车比 B 车的死亡率高将近 30%，这就比较有效果了。如果 B 车的销售人员有一个剪报本，里面收集了若干 A 车车祸的报道信息，再配以网上找到的车毁人亡的惨状图片，就足可以让客户震惊一下了……

只要列举出与你产品优势相关的所有事实，从冰冷的数字，到具体的案例，并且以后能够披露给客户，那么你的 KC4 就增强了一些。具备了这项能力，无论是卖汽车、面试、说服别人，都更加有力。

A 学习者拆为己用

请尝试就这个拆页内容写一组便签。

网友“孙猫”的 A2 便签

向客户推销一款乳酸菌产品，可以说：益生菌只有保持活性，才能对肠道菌群的平衡起作用。可是你知道吗？胃酸是很强的酸，酸奶之类的益生菌产品会在胃酸作用下失去活性，所以基本上没什么用。但是，我们的乳酸菌特别设计了两层保护膜，一层多糖膜，一层蛋白膜，这样益生菌的效果就会好得多！

示范二：拆解出 KC4（说服能力）的 RIA

R 阅读原书拆页

有一个名叫比尔·阿特金森的程序员给这个项目注入了一些活力。他是神经系统科学专业的博士生，也尝试过不少迷幻剂。最初受邀加入苹果的时候，他拒绝了。但是后来苹果公司给他寄去一张不可退票的机票，于是他决定用上这张机票，让乔布斯设法说服他。“我们正在创造未来”，乔布斯在长达 3 个小时的劝说接近尾声时表示，“想象一下在海浪的最前端冲浪是什么感觉，一定很兴奋刺激吧；再想象一下在海浪的末尾学狗刨游泳，一点儿意思都没有。来苹果吧，你可以吸引全世界的目光。”于是，阿特金森入伙了。①

I 拆书家讲解引导

要想说服别人，首先自己要有十分的信心和百分的热情，甚至狂热。

推论一：如果你自己都不看好自己销售的产品，那么最好的办法是换份工作。

推论二：管理者的重要责任之一就是让下属认同企业的愿景，相信自己的产品。

然后，既可以有感性的说服，又可以有理性的说服。

① 引自《乔布斯传》，作者：沃尔特·艾萨克森。

“想象一下”，这是感性说服，这句话调动的是听众的右脑，激活的是图像、感觉和情绪。

“想象一下，您换了这款 SSD（固态硬盘），电脑的启动时间缩短到 20 秒，您朋友还没来得及在沙发上坐好呢，桌面壁纸已经出现了。”

“想象一下，您在办公室喝这种滤泡式咖啡，比用咖啡机要方便得多，比速溶咖啡又健康得多，同事都会来问您，这个咖啡的冲泡怎么这么别致啊……”

A 学习者拆为己用

请以“想象一下”开头，设计一段打动客户的感性话术。

（请在空白处写下自己的拆解案例，把说服能力拆为己用。）

____

____

____

示范三：拆解出 KC20（超越思路的能力）的 RIA

R 阅读原书拆页

在价值创造方面，顾问式销售模式比旧有的交易型销售更具优越性。在最基础的交易型销售中，卖方对价值的作用经常受到提供产品信息和流程法则的限制。顾问型销售可使销售队伍在 3 个不同的领域增加独特的客户价值：

（1）顾问型销售人员能以新的或不同的方法帮助客户理解存在的难题、问题和机遇。

（2）顾问型销售人员能向客户提供解决其问题的新的或更好的方案。

（3）顾问型销售人员能在供应商组织内扮演客户保护者的角色。

这是顾问型销售的 3 个重要组成部分，是销售部门直接为客户增加价值的 3 种方法。①

① 引自《销售的革命》，作者：尼尔·雷克汉姆。

拆书家讲解引导

这个图书片段可以拆解出 KC20（超越思路的能力）。

拆解示例：“美的”生产一种电压力锅，在中国卖得很好，但美国的经销商卖得不行。原来，压力锅曾在 20 世纪 70 年代的美国流行过一段时间，但连续出了几起事故，导致美国人一直对压力锅这种产品心有余悸。

美国经销商的思路是，要加大宣传力度，让大家知道现在的压力锅已经很安全了。不仅安全，而且方便、时尚、省电、低碳……

“美的”的海外营销部根据自己的经验，给美国经销商提了一个全新的方案：不要试图改变大众对压力锅的认识，要改名字，不叫“压力锅”。

叫什么呢？很多美国人都爱吃豆子，但烹饪豆子是比较麻烦的事情，要泡很久、煮很久。所以，可以将这款锅取名为“Easy Bean Cooker”（煮豆子神器）。结果，效果非常好，远远超出了美国经销商的预想。

这就是“向客户提供解决问题的更好方案”。

A 学习者拆为己用

你一定要写出一两个你自己的 A1 和 A2 便签。案例可以是真实的，也可以是你编造的，但只要你拆解出自己的案例，这些知识就开始转化为你的职场核心能力。

（请在空白处写下自己的拆解案例，把超越思路的能力拆为己用。）

____

____

____

示范四：拆解出 KC20（超越思路的能力）的 RIA

R 阅读原书拆页

你的想法会在自己的头脑中创建出模式，就像脚手架一样。大脑中的化学反应蚀刻出思维的模式。在大多数情况下，人们会陷入这些模式（就像唱片上的针槽），并且再也出不来了。

……乔布斯年近30岁时曾做过一个关于唱片的比喻。他一直在思考为何人在30多岁后就会变得思维僵化、缺乏创新意识。他说：“人们被卡在这些固有的形式中，就像唱片中某一段固定的凹槽，他们永远无法摆脱出来。当然，有些人天生就有强烈的好奇心，永远有一颗孩子般的心，可惜这样的人太稀少了。”45岁时，乔布斯准备从他的凹槽中跳出来。[①]

拆书家讲解引导

这个片段可以拆解出KC20（超越思路的能力）。

可悲的是，有些人不到30岁就已经陷入“凹槽”了。

最可悲的是，有些人根本没有意识到自己已经陷入凹槽，更别说尝试摆脱了。

所以，先检验自己是否被卡在固有模式中。如果你刚开始工作，那么问一下自己，你的同学大部分在做什么？

① 引自《乔布斯传》，作者：沃尔特·艾萨克森。

你和他们一样吗?

如果你已经工作若干年了，那么问一下自己，你5年前的同事现在大都在做什么?你和他们一样吗?

如果你的回答是“一样”或“差不多”，那么你最好审视一下自己，你的现状是你想要的吗?你觉得现在挺好、不希望改变，还是担心未知所以不敢改变?

你敢赌上自己的职业生涯去做与众不同的事情吗?这不是鲁莽，而是周全考量之后的勇气。

你刻意锻炼过自己跳出思维定势的能力吗?锻炼的方法很简单：不走寻常路。

钱锺书和杨绛在英国留学期间，每天晚上散步时都找一条新的路走，很快便熟悉了方圆十几公里的路。你每天上下班（或者去教室、去食堂）都走同一条路吗?

你想过替换电脑默认的资源管理器程序吗?你多年来的洗澡程序都是不变的吗?你想过换一种方式过春节吗?

A 学习者拆为己用

拆解作业：每月找出两项你已经习焉不察的小事，要求自己换一种做法。

请写下你的 A2 应用便签。

（请在空白处写下自己的拆解案例，把超越思路的能力拆为己用。）

____

____

____

无论是使用便签法做一个更优秀的高级学习者，还是参加拆书帮分舵的拆书课，你会发现，要做好自己的工作，为自己不熟悉的工作做准备，甚至为尚未出现的工作做准备，并非不可能，只要学会强化自己的职场核心能力即可。

这世界变化太快，又何必弄明白。内功练好了，大可不必追赶时代，机遇会惠顾真正有能力的人。

拆解：如何管理下属?

1973 年，哈佛大学的麦克里兰博士在《美国心理学家》杂志上发表了一篇文章——《能力测评比智商测评更重要》(*Testing for Competency Rather than Intelligence*)。这篇文章让麦克里兰成为公认的企业人力资源管理能力模型（也称作“胜任力模型”）创始人。

40 年来，能力模型已经广泛应用于人力资源管理，如定义岗位、招聘测评等。这里用最简略的方式介绍一下实际操作方法。

首先，对各个岗位进行分析，确定各岗位所需的能力。任何岗位所需能力都不是单一的，而是多项能力的综合搭配。

其次，对人进行测评，确定测评人员现阶段的各项能力水平。任何一个人所拥有的能力也都是综合的。

最后，通过前两步工作，可以展开人力资源管理的选拔、考核、培养工作。

拆书帮的独特贡献在于，给出了具体的提升某项核心能力的解决方案，以“体验 + 反思”形式培养人的特定能力，而且效果非常好。

比如，某著名外资电子公司对大客户销售经理的岗位进行调研，明确了该岗位所需能力的搭配（见图 9–1）。

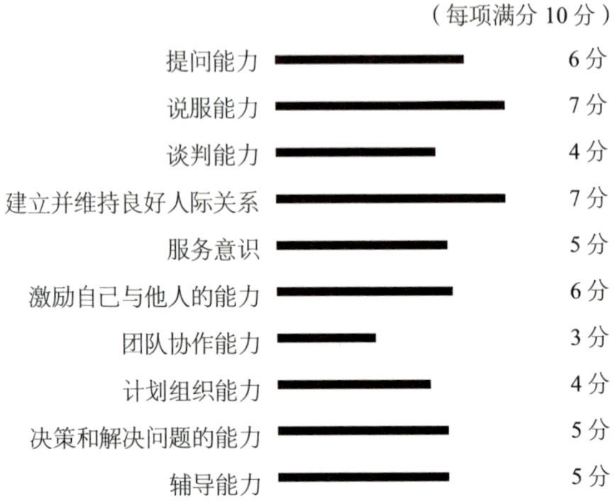

图 9–1　大客户销售经理岗位所需能力搭配

田野是该公司杭州办事处销售人员，这是他硕士毕业后的第一份工作，虽然工作经验欠缺，但 3 年来成长很快，业绩出色，尤其去年还拿下了两个大单。每季度的评比中，对他的评价也都很高，常有“善于学习”“擅长把握客户关系”“乐于帮助同事”等评语。

公司在考虑破格提拔他做销售经理。

但公司和他本人对此都很犹豫。公司担心会少一个优秀的销售人员，多一个不称职的销售经理。田野也觉得在团队中自己年龄偏小，在职时间也不算最长，平时和大家嘻嘻哈哈是一回事儿，真当了管理者，能否指挥得动大家，恐怕是个问题。

公司安排对田野的能力进行测评。以下是他的各项能力得分情况（见图 9–2）。

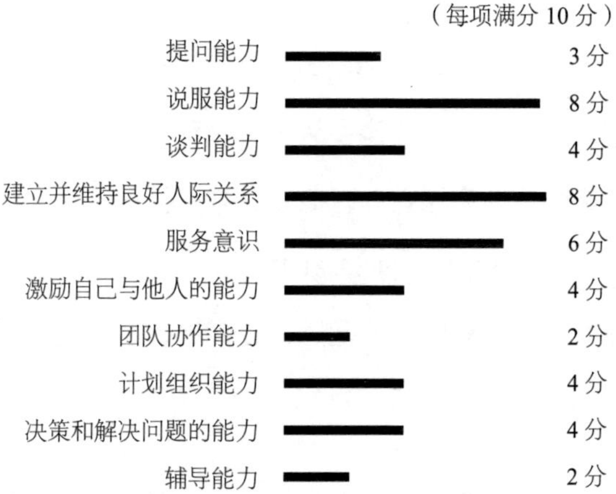

图 9–2　田野能力测评得分

这样就可以看得比较清楚：田野基本胜任这项工作，但有几项能力是他的短板。若让他做销售经理，必须尽快安排学习，提升他的提问能力和辅导能力，不然提拔后这些能力一定会成为未来工作的阻碍。

比如，田野的说服能力很强，所以他能够说服客户认可产品的价值。但是在管理工作中，尤其是像田野这种情况，被管的人比他的资历更深，而他仍然希望通过说服的方式来达到管理效果，这就很难了。

田野升任经理后，他的团队有一位下属约翰。约翰一直有一个问题，就是他在联系客户方的时候，总跟自己最熟悉的那位对接人反复联系，比如采购经理，而同样是对采购有影响力的其他角色，像主管技术的副总、维修部门的主管等，他就不再联系了。作为经理，田野需要帮助他去认识到这种做法存在的问题，并且培养他跟客户方多个角色并行联系、并行推进关系的能力，以及有意识地分析不同角色之间关系的能力。

田野发现了这位同事的问题，要跟他谈话。田野的做法是这样的：

田野：约翰，××开发商的这个单，你只跟张处长一个人联系，这样有风险吧。

约翰：不会，这件事张处的意见最关键，搞定他就没有问题。

田野：你还记得去年你跟的那单，就是只跟一个人联系，之前他也跟你说肯定没问题，最后却出了意外，还说下次会补偿你，结果还是什么都没有。当时要是能多两个人在内部帮咱们说话，起码可以提前知道客户内部的变动和不同意见。

约翰：那次是特殊情况，最后是总部要求改，谁都没办法。这次的需求发起人就是张处，他的资历最老，人缘又好，所以肯定没问题。

田野：你说得没错。张处长确实是这次采购最重要的影响者，但你可以多用几条腿走路嘛，跟 ×× 和 ××× 联系一下，加强一下，也不会增加很多工作量，还可以避免风险，投入产出是值得的。

约翰：这样我担心张处知道了会有其他想法。

这段对话中，田野难以让约翰认同他，根本原因是人们本来就不愿意改变，从心理层面来说更难以接受一个资历不如自己的人居然是对的，而自己是错的。所以，田野跟这位比他早两年入职的销售人员强调和多人联系的重要性，或者表达只跟一人单线联系的危险，只会引起排斥，甚至反感。

田野在一次拆书帮现场学习中回顾了这次和下属对话的过程。他反思说，如果能通过提问让对方意识到单线联系的危险，再通过提问让他想出该如何与之前没有建立关系的其他角色建立并加强联系，那么他就更有可能接受和改变。

这是一次特别的拆书帮现场活动，主题就是提升提问能力，所选片段来自不同的图书，但都以提问能力为话题。

拆书帮有摘自 20 多本书的 36 个片段，可供拆解出提问能力的方方面面，而最关键的是，拆书帮的核心理念要求田野一定要把这些知识应用到自己的管理工作当中，包括要能够联系自己以前说得多而提问少的经历，让他在今后类似的管理情景当中养成提问的习惯，还要定期总结对这些拆解技能的使用情况。这样反复地进行“体验＋反思”，就可以更有效地提升田野的提问能力。

示范五：拆解出 KC3（提问能力）的 RIA

R 阅读原书拆页

沟通中提问常见的误区是：

1. 问题过于宽泛。如“最近怎么样”。这更像是套话，随口说说，于是对方也往往以套话回答，“还行”“就那样呗”。

建议：对对方比较熟悉的话题，提出一些具体的开放式问题。

2. 开始的问题太难。比如在销售中，最开始不要问客户“您有什么需要”，而是问“您住在什么地方”这类很容易回答的问题。

3. 问很多引导式的封闭式问题。“每天晚上看两个小时电视就够了，你说呢？”“明天还是别出去吃饭了，好吧？”①

① 引自《谈话的力量》，作者：艾伦·加纳。

A 学习者拆为己用

（请学习者回忆自己有没有犯过类似的错误，给出具体的例子。然后再自己去加工每一个例子，看看未来怎么做会更好。还可以留下几个拆解要求，供田野现场重复使用和强化这些提问技巧。）

拆解行动一：你和某位下属单独吃饭，开始的时候肯定要拉拉家常。请想好这个人是谁，然后规划你可以向他问哪些开放式问题。提问的预期效果是让他有话可说，让你们的谈话可以很放松、很自然。

请至少列出 3 个问题，最好列 5 个。你的问题应该让对方有话可说、有话想说。

拆解行动二：快过年了，会遇到不少平时难得一见的昔日好友吧？请在脑海中锁定一个这样的朋友，列出你可以问他的 3 个问题。你的提问应该让对方感到你关心他，从而打开他的话匣子。

示范六：拆解出 KC3（提问能力）的 RIA

R 阅读原书拆页

在助人活动的任何互动过程中，助人者都必须自然而然地将各种沟通技能交织在一起。在实际咨询中，有效能的咨询师不断地调整姿态，主动倾听，结合利用探究与神入，协助当事人澄清和理解他们的担忧，排除盲点，确立目标，制订计划，并且将事情做成功。

关于分享神入与运用探究之间的关系，这里有一条基本的行为准则：当运用了探究，当事人也给出了回答后，便可以与当事人分享神入要点，以表达和核对你的理解。在一个探究之后如果还要接着再用一个探究，就要十分小心。

这里的道理十分清楚。首先，如果探究是有效的，它将会引出需要给以倾听和理解的信息。其次，如果这个分享的神入是准确的话，就往往向当事人提出了进一步探索的要求，将球又打回给当事人。[1]

---

① 引自《高明的心理助人者》，作者：吉拉德·伊根。

I 拆书家讲解引导

这是一本心理学教科书，是全球最流行的心理咨询和心理治疗（二者统称为心理助人）专业的本科和研究生教材。里面提出的有关沟通的真知灼见，不是一般实用类图书可以企及的。

这个片段涉及几个陌生的名词，都是心理学专业名词。简要解释一下：“助人活动”是指心理咨询师与有心理问题的人沟通，帮他解决问题；“神入”的意思是让对方感觉到你理解他的思想和情感；“探究”的意思和我们平时的用法差不多，就是通过提问来了解更多信息。

优秀的表达不在于你说得多么精彩，而在于能否让对方感受到你的真诚和理解。优秀的提问绝不是让对方无言以对，而是能够获取有效信息。

这个片段给了一个简明有效的方法：神入（表达理解）和探究（提问）交替进行，也就是我提一个问题，对方说话；我让对方感受到我理解他，对方说话；我再提一个问题，再让对方说话。下面举个例子。

下属：我已经向客户提交 3 次方案了，这是第 4 次，客户总工还是不满意，我也没办法了，我觉得他们已经内定了，我再努力也没用。

经理（表达神入）：改了这么多次都没达到他的要求。

下属：是啊，现在我问他，约他出来吃饭，他都找理由推辞。

经理（探究提问）：他们总工有没有说具体是哪里不符合要求？

下属：他没具体说，就说前几次的方案问题还没解决。还说项目很急了，年底之前无论如何都要定下来。

经理（表达神入）：他真着急还是假着急啊！（探究提问）你能找他们一线的技术人员聊聊吗，看看他们对这个方案有什么想法？

下属：这个我可以试试。

A 学习者拆为己用

请学习者模仿这个示范的例子，结合自己的工作实例，编一段对话，使用“探究提问—表达神入”技巧。请在工作和生活中有意识地运用这个技巧。

还可以要求田野与一起学习的同学在给定的情景中对话，田野需要模仿案例交替进行探究提问和表达神入。

再留一个作业，要求田野当天回到家在妻子不知情的情况下，用这个技巧和妻子聊天。之后一周至少每天有意识地练习一次。

示范七：拆解出 KC3（提问能力）的 RIA

R 阅读原书拆页

提问是有助于模式识别的最简单的办法，从而揭示被忽视的问题。之所以如此，有两个非常具体的原因，来自对认知偏见的行为心理学研究。我们称之为“沟通之边界条件”。具体来说，他们产生于叫作“认同偏误”（Confirmation Bias）的心理行为：

1. 人们重视自己所说的话和自己得出的结论，而不重视自己被告知的东西。

2. 人们重视他们索要得来的东西，而不重视免费得到的东西。

也就是说，作为一名客户，我总是更在意自己（在引导性提问的帮助下）得出的结论，而不重视现有的答案。作为销售人员，你告诉作为客户的我，你能如何帮我，这在现代市场环境中是不可能成功的。我总是宁愿自己思考我都需要什么，然后再考虑你能如何帮我做到。但是，我可能需要一位谦虚的销售人员的协助，提出正确的问题，帮我看清自己的情况。所以尽可能地向我提问吧，但是要确保这些问题有益、有用。正如第一章中提到的，我不需要你的知识来填补空缺，我需要你帮助我理清思路，从迷雾中指引方向。我需要你的问题引领我走上一条路，在这条路上我自己去发现。[①]

拆书家讲解引导

邀请田野联系这个图书片段把之前写出的对话加工为成功使用了提问技巧的对话，要体现出通过引导性提问让下属自己得到结论。

① 引自《SPIN 销售高价成交》，作者：汤姆·辛德。

A 学习者拆为己用

（田野加工出了下面的案例，并请小组同伴配合进行了角色扮演。）

田野：约翰，你这个月跟××开发商联系了几次？

约翰：7次，去拜访了三次，吃了两次饭，还有两次是通过电话联系的。

田野：都是跟谁联系的？

约翰：6次是跟张处，还有一次是跟×××通了个电话。

田野：那张处现在态度怎么样？

约翰：我觉得没问题，关系已经做得很硬了，他现在什么都不瞒着我。

田野：金总、工程部丁部长和刘成功这3个人跟张处的关系都怎么样？

约翰：哦……金总那边应该差不多吧，一般这种项目他不会说要谁的，基本都是张处说了算。刘成功那边见了一回，不人清楚。竞争对手主要在跟丁部长联系。

田野：那如果你搞定了张处，竞争对手搞定了丁部长，最后这个单子会怎么样？

约翰：很难说。我觉得应该是张处的分量更大一点儿。

田野：哦，这样变数就比较大了。

约翰：是。这样最终就可能是金总来拍板儿了。

田野：那下一步怎么规划比较好？

约翰：我看看能不能想办法约上金总。实在不行，跟刘成功再多见两次也好。

田野：这么安排可以达到什么目的？

约翰：如果张经理和丁部长意见不一致的话，还能多一个帮咱们说话的人，而且我也能多一个了解信息的渠道，不全是从张处那儿听的。

田野：万一你这时候和他们联系，张处有其他想法怎么办？

约翰：这是个问题，不过没事，我有办法。

小结

拆书的理念是“把知识拆解为能力”，现在我们可以从更深刻的意义上来理解这个理念，即以 20 项职场核心能力为线索，统筹来自不同图书的多个片段。将若干图书片段合起来，能够涵盖某项特定能力的方方面面。

这样的话，你就不是在为书服务，而是根据工作能力的发展需求量身定制学习资料，有的放矢地“拆为己用”，让书中的知识为自己的能力服务。

对人力资源管理的发展来说，拆书帮提供了一种帮助员工有针对性地提升特定工作能力的工具。如果发现某些人的某项能力是短板，那么可以从拆书帮的核心能力资料库中选取相应能力的若干知识拆页，再请他依照拆书帮的步骤把这些知识拆解为自己的能力。

像拆书家一样学习

鉴于整本书都在谈学习，我想在最后谈一谈教育相关的内容。

> 帮助创业者募集资金的人，叫投资人。
>
> 促进创业者管理运营的人，叫孵化器。
>
> 帮助人们获得知识和考取学历的人，叫老师。
>
> 促进人们持续学习并提升能力的人，叫拆书家。

多年前，大学时的一堂选修课上，讲课教授说他特别感激邓小平，若不是恢复高考，自己不可能从一个小村子走出来。教授勉励我们说:“知识改变命运,诚非虚言。”

最近和老乡闲聊,才知道我们老家的第一中学已经好几年没有学生考入“名牌大学”了。那是个县级市的第一中学,在20世纪90年代,每年都能出一两个考取清华北大的学生。老乡说,仅有的几个好老师都被省会高中挖走了,教学质量难以保证。

他说的“教学质量”的体现,自然是指“学生们在高考中的表现”,所谓应试教育。虽然国内大学扩招了十几年,但三四线以下城镇考入好大学的学子比例却在不断降低。究其原因,除了一二线城市重点学校不断抢占下级学校优秀师资,一二线城市的中产以上家庭在子女教育上更舍得投入金钱和精力:北京的学区房比普通乡镇的房价贵百倍有余,从幼儿园开始的各种补习班学费也相差百倍以上。种种因素造成的“教育不公平”最终体现在高考分数上,差一两百分似乎也没法说不合理。

那素质教育能解决教育的不公平吗?不能,只会加速分化。就数学考试分数来说,一个在乡镇中学跟随普通老师努力学习的学生,和一个从小学就上奥数班的大城市重点学校的学生,可能是75分和95分的差距。若是参加机器人编程或“联合国模拟大赛”,那乡镇的孩子们只能是零分了。

教育不公平必将导致社会阶层日渐固化。这两年网络热议的“凤凰男”话题也许过几年就不再是话题了,因为能从山沟里飞到大城市的“凤凰”将越来越少。

这是必然的，而且没有什么好惋惜。就像20世纪80年代物资匮乏，一个人只要能搞到启动资金，开个厂，生产什么都能赚钱。但如今，若有人抱怨说他好不容易筹到注册资金，却发现创业艰难，大家会说“就是这样呀，启动资金仅仅是创业的第一步而已”。

知识（或学历）只是改变命运的“启动资金”。年轻人能有多少启动资金，主要取决于上一代的积累。启动资金多一点儿，可能会容易一点儿。但做生意不仅仅是拼启动资金。

因此，人们对“教育”的认知必须升级。

第一，升级时限——教育不止于拿到学历。

被传统教育害得最惨的人，就是仍然深信“一考定终身”的人。这样的人可能一考上大学就拼命玩游戏，觉得自己学校不够好就拼命考研究生，工作郁郁不得志时就拼命琢磨怎么提升学历……

而从知识和学历的角度来说，如今获取名校课程的渠道不断增加，并且相当多的知识都在加速过时。同时，学历对职业生涯总收入的影响越来越小。虽然对大部分优质岗位来说，一定的学历背景仍然是敲门砖，但若招聘非应届生，主要就看工作成就或综合能力了。

另外，大城市年轻人的生存负载不断增加，经济疲软、竞争加剧、房价疯长……加上人生不同阶段的新问题纷至沓来，这些都需要职场人比在校时更努力学习。

教育必须成为伴随一生的事情。

第二，升级内涵——教育不只是学习知识。

有人参加同学聚会时会纳闷儿：为什么大家在校时都差不多，离开学校几年后就天差地别了呢？答案也许是：每个人的特质和能力本来就差别极大，只不过在学校时只能看出考试成绩的差别。毕业 1 年后，沟通能力和解决问题能力带来的影响就会显现；毕业 3 年后，情绪能力和关系能力把差距拉大；毕业 5 年后，拼的是自我管理能力和逻辑能力；毕业 10 年后，成就和幸福取决于在婚姻中不断成长的能力、教养子女的能力、管理与激励他人的能力……

第三，升级主体——我们不只是教育产业的消费者。

有人说，中国人的学习能力是被逼出来的，装修房子，不得不变成装修专家；打一场官司，不得不变成半个律师；看个病，自然就成半个医生了。照此推理，要生养一个孩子，就要变成半个老师，所以《好妈妈胜过好老师》之类的书才那么畅销。

但我们不应该为了孩子才去学习怎么做老师。首先应该为了自己而成为自我教育者（高级学习者），其次为了能够通过教会他人让自己得到最好的学习而成为学习促进者，最后就会发现我们已经在帮助我们在乎的人改变和提升能力了，不仅仅是子女，还有伴侣、同事、朋友，甚至能够促进父母学习。

一位拆书家初来拆书帮时问："参加活动能给我带来什么？"在他即将成为三级拆书家之前，他猛然发现，最近自己在问的问题是"我能为别人做点儿什么"。他帮父母做了点儿事：当父母被推销号称"包治百病"的磁疗仪时，他不仅打印了几篇揭批此现象的文章，还选了一本经典的健康图书，每周带父母拆为已用；他还说服父母去旅行，并送给母亲一个笔记本电脑，教她怎么查资料，怎么在每次出门前先去搜索一份景点介绍。

"拆书"不仅是一种理念，也不仅是一系列技能，而是一门专业。拆书帮就是要打造一批全新的教育界"专业人士"，拆书家们通过促进自己和他人学习，将教育拓展到毕业之后和学院之外，将教育的诉求转变为反求诸已和提升能力。

中国的教育急需升级。也许宏观来看，教育不公平和社会阶层固化的问题仍然无法解决，但拆书家们释放出的能量会改变一部分人对教育的认知，将改变自己和自己在乎的人的命运。

拆书帮宗旨

在这里，学习者是学习的中心，我们把知识拆为自己的能力。

在这里，再没有学习的焦虑、愧疚和压力，只有学以致用和能力提升的乐趣。

在这里，我们体验、反思、分享、行动，尽力给予接纳和支持。

在这里，我们创造学习促进者的价值，历练成为拆书家，帮助我们爱的人一起学习。

不破不能立，不拆不成器。我们是信仰学习的拆书帮兄弟姐妹。

后记

《这样读书就够了》初版于 2013 年元旦，4 年多来，从拆书方法论到拆书帮分舵，再到拆书学院，我们一直在努力帮助成年人升级为更好的学习者。

2012 年年底，微信兴起，移动阅读时代的各种“知识服务”让成年人变成更差的学习者，变成纯粹的知识消费者。

打开微信订阅号，你很难分辨哪个是媒体号、哪个是教育号。它们的标题同样耸人听闻，内文用的是一样的套路招式，追求的是一样的打开率、阅读量、转发数。

我曾在阿里巴巴主管数据库营销，深知大数据的本质是忽略个体的“人”。而真正的教育、学习和成长都应该关乎“人”，关乎作为个体的人，而不是把人当作数据。

2013年，“自媒体”成为热词。2012年年末，“简书”上线，“今日头条”上线，“知乎”开放用户注册，微信推出订阅号。每个人都可以是媒体，每个人都可以提供知识服务。这一年，人均每周上网时间大幅增加到25小时，阅读一篇文章的平均用时却降到57秒。

2012年年底开播的“罗辑思维”自媒体视频脱口秀，每周1集，每集约1小时，平均每集浏览量高达百万。

拆书帮分舵活动于2013年4月6日启动，每个分舵每周开展1次现场活动，每次活动时间为2~3个小时，参与者为20人左右。最初半年我们只在北京开展活动，后来上海、杭州和深圳分舵也陆续开始筹备。

我曾经是一枚热爱文艺的普通青年，爱画画，爱手工，爱读王小波。遇到拆书帮后，我不再陶醉于自己的小情调和小世界，而是践行把知识拆为己用的理念，如今已变身为一名热爱文艺和拆书的普通青年，希望自己能够成为一个优秀的给予者！

我在公司做过一次关于“如何拆书”的分享，当时有14个人参加，有领导，也有同事。我原本以为离开拆书帮的内部环境，拆书的效果可能不会太好，所以事先无比忐忑。出乎意料的是，从自我介绍到拆书互动，大家都很热情，让我看到了平常工作中看不到的那一面。拆书结束后，有同事专门跑来跟我说“亲爱的，你这一年的变化好大”。

——王小桃，北京紫禁之巅分舵

这一年在拆书帮中成长蜕变，我不再像以前一样被人们说是富二代、败家子、混子。当初的我一头黄毛，每天吃喝玩乐，抽烟、喝酒、泡吧、离家出走，打麻将可以打上7天7夜。一个一本书都没看过的人，自从进了拆书帮，变得爱看书、爱分享、爱推动、爱引导，成了一个励志青年。

——鹿大宝，石家庄筹备分舵

2014年，“社群经济”成为热词。跟成长、学习、阅读有关的社群，有的收会员费，有的卖书，有的卖课，“吴晓波书友会”卖杨梅酒，“有书共读”卖茶杯，“罗辑思维”卖跳蛋、卖月饼、卖跨年演讲。

2014年，拆书帮增加了广州和武汉两个正式分舵。这一年先后有十来个人筹备分舵，有的慢慢退出去参加更热闹的社群了，有的为了达到总舵标准，默默死磕拆书质量。

我的本职工作是生物试剂“研发媛”（名媛的媛），喜欢读书、旅行、讲段子，我认为灵魂、身体和嘴必须有一个在路上。拆书帮对我最大的影响是思想的改变，“给别人1000个新的想法，不如改变他的1个行为”。参加拆书帮之前，我也算是一个活动小达人。我之前做过TEDx全国组织者峰会、Cnature国际志愿者领队、“万有青年烩”浙江首次活动的发起人，也受邀去过香港参创不同的年会。

在这些经历中，我发现多数组织都是给别人提供更多的想法或者可能性，但是没有一个像拆书帮一样从小的技能开始，真真正正地影响行动，踏踏实实地改变生活。而知识或者眼界本身并不能改变命运，改变命运最直接的方式是行动。

——小丫，杭州光明顶分舵

我的TF3-2（拆书帮成长体系中的一个技能等级）是拆解《即兴的智慧》这本书，那次拆书我们把场地安排在了世纪公园。平时，我们拆书都是在书店或者咖啡店。做这样一个变更，其实就是我拆解这个书的一个A2。书里建议我们经常变换自己周围的环境，可以起到刺激大脑，有启发创意的效果。所以，我们把场地放到了公园。

我们把舵旗当作餐布放在绿色的草地上，小伙伴们围坐一圈。那天天气也异常地好，蓝天白云，微风徐徐。周围有小鸟在叽叽喳喳地叫，也有一些周末在公园里闲逛的人，不过，并不影响我们拆书，反而，让小伙伴们更加放松和投入。

拆书还没有拆完，小伙伴们就已经开始落实A2了，这让我联想到我们的拆书方法，它鼓励大家读一个片段，把片段的方法落实到自己的生活中，就相当于参加了一场3万元的培训。我为小伙伴们积极实践的行为感到惊讶，也为他们感到骄傲，同时，这件事也让我颇受启发，只有落实A2，在生活中做一点小改变，才会有意外的收获。

——桃子，上海申活分舵

2015年，“全民阅读”成为热词。“樊登读书会”上线。“樊登读书会”提供形式多样的精华解读，以视频、音频、图文等多种形式进行分享传播。樊登读书会以文字解读和视频、音频讲解的形式，帮助那些没有时间读书、不知道读哪些书和读书效率低的人每年吸收50本书的精华内容。

2015年11月，拆书帮在北京开了第一次年会，年会主题是“我们就是这样”。年会上，我跟来到现场的92位拆书家汇报：拆书帮现在一共有11个正式分舵，20个在筹备中的分舵，484位拆书家，其中三级拆书家26人。

拆书帮对我最大的影响是提高了沟通能力。之前的我很容易紧张，尤其是面对领导和众人的时候。线下活动有很多小伙伴分享沟通能力，我自己也带拆过几次《非暴力沟通》《谈话的力量》等。有一次我竟然被领导夸奖说“小李是个很会说话的人”！

之所以加入拆书帮，起初只是想锻炼胆量，做到敢在众人面前有条理地演讲。第一次参加的活动是由思考琦拆解的《六顶思考帽》，当时司考琦老师让我分享下读完片段的感受，我很紧张地说“没有想法”。活动结束后，她主动找我了解参加活动的感受，并再次引导我对片段的理解，让我感受到组织的温暖和关注。其实公司培训时讲过这本书，但是思考琦有趣的引导、深入的拆解让我对这本书有了真正的理解，发现读书和学习还有另一种方法。既然如此，那为什么不多应用一些呢？于是我义无反顾地加入了拆书帮。

——李大笑，北京翰林分舵

春节回到我的老家兰州，开始着手帮助兰州建立分舵，妈妈十分支持，并参加了很多次我的线下拆书活动。于是在春节的某个下午，一大家子人在妈妈的提议下，一起在大姨家的榻榻米上拆读《非暴力沟通》。

由于是临时起意，手头并没有文章片段。于是我上网搜到了想要的片段，然后建立了一个临时的家人微信群，将片段发到群里作为R环节。当时拆的主题“学会区分观察和评价”。

在我的I引导过后，大家盘着腿坐成一圈，开始分享各自的A1、规划未来的A2。由于都是家人，彼此之间非常熟悉和了解，所以A环节迅速进入到一种“说出心里话”的状态，大家列举了很多生活中的例子，并开始试着用新学的概念来区分和交流。慢慢地，家人们打开了很多之前的心结，那种感觉类似于小型的团体辅导。其间有沉默、有欢笑，几次吸引看电视的姥姥姥爷过来“参观”。后来饺子熟了，大家都还非常投入，久久不愿离开。

——水菱姑娘，拆书帮广州小蛮腰分舵

2016年，“内容付费”和“知识变现”成为热词。各类IP层出不穷，大咖、大神风起云涌。

2016年11月，拆书帮召开第二届年会，年会主题是“陪伴你，是我的超能力”。150人来到武汉。其中有来自上饶、日照、铅山等四五线城市的筹备分舵。85位三级拆书家中，超过2/3都来到了现场。2015年，所有正式分舵做了917次现场活动，影响了13 253人。

不过那都是纠结，还不算崩溃，真到了崩溃的时候，我就只能求助一个人了——我的师父熊赳赳。再强的人也有被压垮的时候。那一次我真的失控了，我很少在工作时间打电话给我师父，因为她总是处于一种忙疯了的状态。但那次我没有犹豫，因为那一刻如果我不能听到她的声音，我真的不知道会怎样，我跟师父打电话聊了一个小时，我一边说一边哭，最后她也哭了。很难想象，一个是被称为“女版周星驰”的人，另一个是有无限正能量的人；一个是现任舵主，另一个是前任舵主。两个人就这样一起哭。我不断地在问同一个问题“我是不是不适合当舵主”。我想如果那时候师父在我面前，她一定会抱着我，轻轻拍着我的背，但在电话里，我只能听到她颤抖的声音：“不是的，是我在你毫无准备的情况下把担子交给了你，怪我……。”很多事情哭着走过去，再笑着回头看，发现在生命中留下的都是美好的印记，这就是“成长”吧。

现在西二旗练武场成为紫禁之巅分舵，我们有了 11 名会员，我自己带了 3 名徒弟，我们还在协助沈阳和大连筹建自己的分舵，而我也已经是一名半岁的舵主了，渐渐地找到了做舵主的感觉。

——笑笑，拆书帮北京紫禁之巅分舵

兰州金城关分舵从筹备到正式建立，我和简单、晓千、杨倩、红彤彤、三月风等人每月都会写一份个人拆书计划，并在月底写小结报送总舵小师妹，以求得到她的帮助，同时联系广州分舵协助。水菱教会我们发布互动吧活动贴及整理微信线上活动流程，丘舵提供广州RIA训练营文档记录等，武汉的李真指导我如何带动团队，涂大侠教会我们百度云的使用方法。因为我的“瞎折腾”，兰州小伙伴经常能收到惊喜。2015年国庆节期间，7人同时成为一级拆书家；2015年12月，5人同时成为二级拆书家。感谢兰州小伙伴选我当舵主并愿意跟我一起玩拆书。

——天南，兰州金城关分舵

2017年，有人说，“拆书”眼看要成为热词。很多出版机构希望和拆书帮合作，把拆书家引导出的案例重新编辑为一本新书，很多企业和培训机构希望请三级拆书家到企业去上课，很多自媒体平台希望邀请拆书家提供内容……

2017年元旦，总舵出现财务危机，经舵主会议在线讨论三天后，决议增加拆书家会员费，由每月10元增加到每月20元，同时，继续保持“宽参与，严入帮”的会员选拔标准。按照拆书家会员的增长速度估算，到2018年年底，总舵的财务能够达到盈亏平衡。

拆书帮 4 岁多了，我对我们的发展速度很满意。

总有忙于追逐风口或急于知识变现的人，他们问我，拆书帮做社群的秘诀是什么。我说，我讲了，你也不会学。不是学不会，而是不会学。

媒体关注真相，自媒体关注流量，互联网关注大数据，各色“知识服务”关注抚慰焦虑和“让人爽”（罗振宇语）。

但真正的学习（尤其是成人学习）应该只关注人，关注作为个体的人的成长。

> 十年之后我就 55 岁了，我应该能够和更多的伙伴一起享受拆书的快乐，还能经常幸福地回想自己走过的拆书岁月，估计那时我可以用拆书法来教我的外孙读书啦。
>
> ——阿波罗，南昌滕王阁分舵

谨愿这本书帮助你成长为更好的学习者，成长为更好的伴侣、父母、工作者，成长为更好的人。

致谢

在《这样读书就够了》（2012 版）中，我写下了一页多的致谢名单，4 年后的今天，要感谢的人已经不可能都写下了。

谢谢每一位认可拆书法、扶持拆书帮的师长益友。

谢谢我的父母和妻子张科丽的付出与支持。

最重要的是，谢谢每一位拆书家。没有你们，就没有现在的拆书帮，也不会有这本升级版的书。你们释放出的能量，已经让身边的人变好了一点儿，未来，你们将照亮更多人。